KB270977

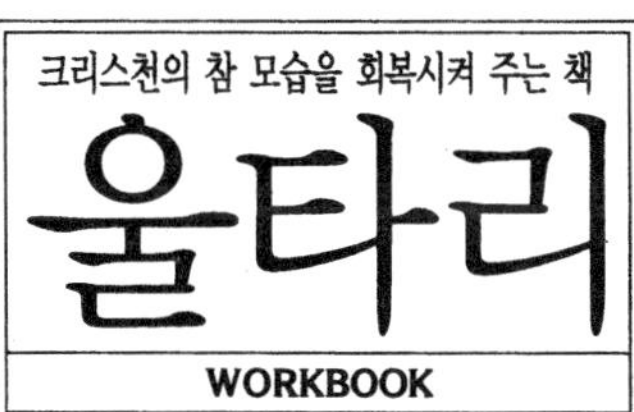

크리스천의 참 모습을 회복시켜 주는 책
울타리
WORKBOOK

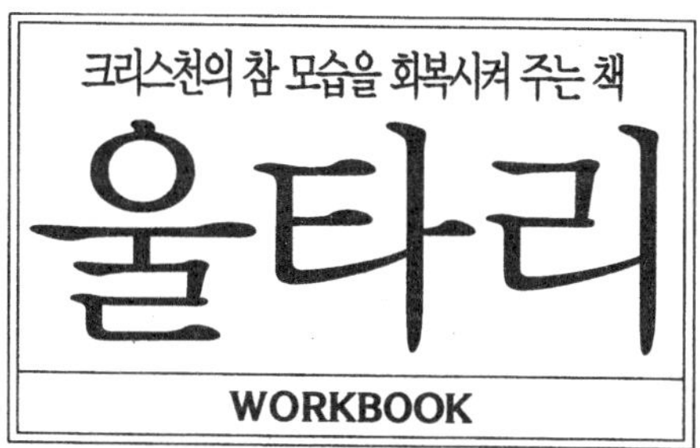

헨리 클라우드, 존 타운센드 지음 / 신현복 옮김

도서출판 아침
Christian Home Books

BOUNDARIES
WORKBOOK

이 책을 옮기면서

울타리란 무엇일까요? 왜 나에게 울타리들이 필요할까요? 내가 어떻게 다른 사람들이——그리고 내 자신이——내 울타리들을 인정하고 존중하게 할 수 있을까요?

자매편인 〈울타리〉(Boundaries)와 함께 사용하도록 꾸며져 있는 이 워크북은, 실천적이고 비이론적인 실제들을 제공함으로써, 여러분이 부모와, 배우자와, 자녀들과, 친구들과, 동료들과, 그리고 여러분 자신에 대해서까지 건강한 울타리를 세우도록 도울 것입니다.

사랑스럽고 이타적인 그리스도인이 된다는 것은 결코 누구에게도 "아니오!"라고 말해서는 안 된다는 것을 뜻하는 게 아닙니다. 이 워크북은 여러분에게 필요한 울타리가 어떤 것인지 그리고 그 울타리를 세우는 데 대한 죄책감을 어떻게 피할 것인지를 여러분이 발견할 수 있도록 도울 것입니다. 이 책은 여러분이 울타리들에 관해 갖고 있는 문제들에 대하여 성경에 바탕을 둔 대답을 제공할 것입니다.

'크리스천 지도력 센터'(Center for Christian Leadership)의 하워드 헨드릭스(Howard G. Hendricks)에 따르면, "〈울타리〉는 그 동

안 '언급되지 않은 이야기'──곧 반드시 필요했건만 거의 들어 본 적이 없는 사랑과 봉사직의 또 다른 측면입니다." 또 윌로우 크릭 공동체교회(Willow Creek Community Church)의 담임목사인 빌 하이벨스(Bill Hybels)는 이렇게 말합니다 : "나는 이 책을 읽으면서, 이전까지 내 삶의 온 궤도가 이 책의 내용과는 달랐다는 것과 이 책을 20년 전에 읽었더라면 더 좋았을 것이라고 하는 고통스런 감정을 계속 억제해야 했지요."

헨리 클라우드 박사와 존 타운센드 박사는 캘리포니아의 뉴포트 해안에 본부를 두고 있는 집단적인 치료 센터 '미너스 마이어 새생활 클리닉 웨스트'(Minirth Meier New Life Clinic West)의 공동 소장입니다. 임상 심리학자들로서, 그들은 성서와 심리학의 통합 같은 그런 쟁점들에 관한 대중적인 연설가요 특별 기고가입니다. 또 그들은 미국 서부 지역 전체에 방송되는 라디오 프로그램을 날마다 진행하기도 합니다. 헨리 클라우드와 존 타운센드는 바이올라 대학교의 로즈미드 심리학 대학원에서 박사 학위(Ph.D.)를 받았습니다. 그들은 공동으로 〈거짓된 전제들〉을 집필하기도 했고, 클라우드는 〈치유하는 변화〉를, 타운센드는 〈사랑으로부터 숨기〉를 쓰기도 했습니다.

특별히 이 책 〈울타리〉와 〈울타리 워크북〉은 미국 전역에서 7년째 베스트셀러로 그 진가를 발휘하고 있습니다. 특히 헨리 클라우드 박사와 존 타운센드 박사는 이 책으로 "미국 기독교출판협회상 금상"(The Gold Medallian Book Award)까지 수상하는 영광을 누렸습니다. 이 책의 폭발적 인기는 지금도 날이 갈수록 치솟고 있고, 이 책을 중심으로 한 각종 세미나가 온 세계에 걸쳐 시행되고 있으며, 비디오 및 오디오 자료까지 쏟아져 나오고 있습니다. 이런 좋은 책을 한국에 소개하는 것이 한국 교회와 그리스도인들의 영성 생활에 여러 모로 도움이 되겠다고 판단하여, 이렇게 부족하나마 내보이게 된 것입니다. 문서를 통한 치유 선교에 심혈을 기울이고 계시는 도서출판 아침의 길청자 사장님과 좋은 책을 만들어 주신 열린마당의 백성기 대표님께 이 자리를 빌어 깊이 감사드립니다.

물론 이 책은 교회 안팎의 여러 가지 상담 모임이나 세미나에서 삶을 변화시키는 가장 실제적인 연구 지침서로 택하여 쓸 수 있을 것이고, 구역 예배나 여전도회 등 각종 소그룹 프로그램 안에서 상담식 성경공부를 하는 데에도 탁월한 교재로 살려 쓸 수 있을 것입니다. 이 책의 자매편 〈울타리〉와 함께, 한국 교회와 우리 문화의 상황에 알맞게 창조적으로 잘 다듬어서 이끌어 갈 수 있다면, 더더욱 보람이 있을 것입니다. 아무쪼록 이 책을 통하여 우리 한국의 그리스도인들이 한층 더 성숙하고 건강하며 복음과 삶의 자리가 균형 잡힌 신앙 생활을 풍요롭게 영위할 수 있었으면 합니다.

1999년 여름에
울타리가 없던 지난날의 삶을 반성하며
신현복

차례

제 3 부 튼튼한 울타리를 발달시키기

서론

울타리 혼동은 오늘 우리 그리스도인들이 직면하고 있는 문제들 가운데 가장 심각한 문제라고 할 수 있습니다. 신실하고 헌신적인 신앙인들이, 언제가 경계를 정하기에 성서적으로 적합한 때인가 하는 문제로 굉장한 혼란을 겪고 있습니다. 그들은 자신의 울타리 결핍과 대면할 때, 다음과 같은 질문들을 제기합니다 :

내가 경계를 세운 다음에도 사랑하는 사람으로 남을 수 있을까?
합법적인 울타리라는 게 뭘까?
내 울타리 때문에 누군가가 당황하거나 내거나 상처를 입는다면?
내게서 시간·사랑·힘·돈을 필요로 하는 사람에게는 뭐라 대답할까?
울타리를 쌓는 것에 관하여 생각할 때마다 왜 죄책감이나 두려움이 몰려드는 걸까?
울타리는 고분고분하게 순종하는 것과 어떤 관련이 있을까?
울타리는 이기적인 것이 아닐까?

나는 왜 다른 사람들로부터 '아니오'라는 말을 듣기가 이리도 힘든
  것일까?
나는 왜 바라는 것을 얻지 못했을 경우 다른 사람들을 지배하려 드
  는 것일까?

집주인이 자기 땅 둘레에 물리적인 사유지 경계선을 긋는 것처럼,
우리 역시 무엇이 우리의 책임이고 무엇이 아닌가를 구별할 수 있도록
도와 줄 만한 정신적·신체적·정서적·영성적 울타리를 우리 삶에
쳐두어야 합니다. 적절한 때에 적절한 사람들에게 적절한 울타리를 세
우지 못하는 것은 무척 파괴적인 결과를 가져올 수 있습니다.

성경이 울타리에 관하여 뭐라고 말하고 있는가에 대한 그릇된 지식
역시 파괴적인 영향을 미칠 수 있습니다. 이 연구 지침서와 교재〈울타
리〉는 그러한 그릇된 사고 방식에 맞서기 위하여, 성서적인 울타리 견
해를 소개하고 있습니다 : 울타리란 무엇인가, 울타리는 무엇을 지켜
주는가, 울타리는 어떻게 발달하는가, 울타리는 어떻게 손상되는가, 울
타리를 어떻게 수리하는가, 울타리를 어떻게 사용하는가 등을 가르쳐
주고 있는 것입니다. 여러분은 이 교재를 읽고 또 이 지침서를 통해 연
구하는 동안, 위에서 제기했던 문제들에 대한 답을 얻을 수 있을 것입
니다——어쩌면 그보다 더 많은 것들을 얻을지도 모르지요. 사실, 우
리의 목표는 여러분이 울타리를 유효 적절하게 잘 사용하여 하나님께
서 하나님의 자녀인 여러분에게 맡기신 관계와 목적을 성취할 수 있도
록 도와 주는 것입니다.

헨리 클라우드
존 타운센드

제 1 부
울타리란 무엇일까요?

1

울타리는 어떤 모양일까요?

저에게 뭔가 희망을 주세요

때로는 다른 사람의 삶을 들여다보면서, 우리 자신이 변화시켜야 할 부분들이 무엇인지 좀더 쉽게 찾아볼 수 있습니다. 쉐리의 하루 일과를 한 번 들여다보십시오. 새벽 여섯시부터 밤 열한시 오십분까지의 일정을 모두 다 훑어본 다음, 이렇게 울타리가 결핍된 쉐리의 하루 일과가 여러분 자신의 삶과 얼마나 비슷한지 비교해 보십시오(17-35쪽).*

● 쉐리의 행동이나 생각에서 여러분 자신을 발견하게 된 곳은 어디입니까? 될 수 있는 대로 자세히 적어 보십시오.

● 여러분의 삶 속에서 쉐리의 어머니(18쪽) ; 쉐리의 남편, 월트(20,

---

*이 워크북에 나오는 쪽수는 모두 교재인 〈울타리〉의 쪽수를 가리키는 것입니다. 아무런 표시도 안 되어 있는 이탤릭체 부분은 대개가 그 특정 주제에 관한 지은이의 생각을 덧붙인 것입니다.

30-34쪽) ; 쉐리의 '친구,' 로이스(23쪽) ; 끊임없이 요구해 대는 쉐리의 직장 상사, 제프(23쪽) ; 고무적인 교사, 러셀(25-26쪽) ; 결코 가까이할 수 없는 쉐리의 딸(26쪽) ; 그리고 또 다른 요청을 하고 있는 교회 지도자(28-29쪽)의 역할을 맡고 있는 사람들은 누구입니까?

● 여러분은 쉐리가 자신의 흔들거리는 울타리——그나마도 울타리가 있다면——를 침범하는 결정들을 내리면서 성경을 사용했던 방법에 대하여 어떻게 생각하나요?

● 만약에 쉐리가 여러분을 찾아와 충고를 구했다면, 여러분은 뭐라고 말했을까요? 쉐리가 안고 있는 문제의 원인을 어떻게 규명했을까요? 여러분이 쉐리에게 해주었을 그 충고들 가운데, 여러분 자신이 유념하는 게 좋을 만한 충고는 어떤 건가요?

여러분은 아마도 쉐리가 지금 빠져 있는 딜레마를 이해할 수가 있을 것입니다——그녀의 고립감과 무력감, 혼란스러움, 죄책감을요. 그리고 무엇보다도 여러분은 자신의 삶이 통제 불가능한 것이라는 그녀의 생각에 공감할 수가 있을 것입니다. 좀더 열심히 노력한다는 것은 그녀에게 아무런 소용도

●
울타리란 무엇일까요?

없습니다. 두려움에서 비롯된 친절 역시 아무런 효과가 없습니다. 다른 사람의 책임을 대신 져주는 것도 아무런 효과가 없습니다. 쉐리는 자신의 삶을 소유할 수 없다는 것 때문에 무척 고통스러워하고 있습니다. 쉐리는 무엇이 자기의 책임이고 무엇이 아닌가를 아는 데에도 커다란 어려움을 겪고 있습니다. 올바른 일을 행하고 싶다는 욕구, 또는 갈등을 회피하고 싶다는 욕구 때문에, 결국 그녀는 하나님께서 그녀에게 결코 맡기신 적이 없는 문제들을 지게 됩니다(35-39쪽).

● 이 렌즈로 여러분의 삶을 한 번 들여다보십시오. 하나님께서 여러분에게 결코 맡기신 적이 없는 문제를 떠맡았던 것은 무엇입니까?

● 앞에서 열거한 그 문제들을 여러분이 떠맡게 된 동기는 무엇입니까——올바른 일을 행하고 싶은 욕구? 갈등을 피해보려는 노력? 누군가를 실망시키거나 미움을 받게 될지도 모른다는 두려움? 죄책감? 내적인 '당위성'? 아니면, 그 밖의 어떤 동기가 있었나요?

우리 삶의 책임과 소유권에 관한 혼동은 모두 울타리 문제에 속하는 것들입니다(37쪽).

● 여러분은 왜 울타리를—— 언제, 어떻게 자기를 위하여 울타리를 쌓을 것인지, 심지어는 울타리를 쌓는 것이 좋은 일인지 아닌지조차도——

울타리는 어떤 모양일까요?

혼동하게 되는 것일까요? 무엇이 그런 혼동을 가져온 것일까요?

● 왜 그리스도인들이 그러한 울타리 혼동에 빠지기가 쉬운 걸까요?

서론에서도 말한 바 있듯이, 다음의 질문들은 우리 그리스도인들이 울타리 때문에 얼마나 혼란스러워하고 있는가를 잘 보여 주고 있습니다.

내가 경계를 정한 다음에도 여전히 사랑하는 사람이 될 수 있을까?

합법적인 울타리는 무엇인가?

혹시라도 내 울타리 때문에 당황하거나 상처받는 사람은 없을까?

내 시간이나 사랑·힘·돈을 필요로 하는 이에게 뭐라고 대답할 것인가?

왜 나는 울타리를 치려고 마음먹을 때마다 죄책감이나 두려움이 드는 걸까?

울타리는 고분고분하게 순종하는 것과 무슨 관계가 있는가?

울타리는 이기적인 소치가 아닐까?

나는 다른 사람들로부터 '아니오'라는 말을 듣는 게 힘든가?

나는 원하는 것을 얻지 못했을 때 다른 사람들을 지배하려고 드는 경향이 있는가?

● 이 질문들 가운데, 여러분이 그 동안 의문을 품어 왔던 질문은 어떤 것입니까? 특히 어떤 질문에 답하고 싶은가요?

●
울타리란 무엇일까요?

●이 질문들 말고도, 이 연구를 통해서 해답을 얻고 싶은 질문은 어떤 것입니까? 여러분은 자신을 위하여 어떤 희망과 목표를 지니고 있습니까?

이 연구를 진행시킴으로써 여러분 자신의 목표를 향해 나아갈 때에는, 이 책이 하나님의 성격과 하나님의 우주와 하나님의 백성 안에서 작용하고 있는 울타리의 지극히 성서적인 본질을 여러분이 알 수 있도록 도와 주기 위한 것이라는 사실을 명심하십시오. 또한, 우리의 목표는 여러분이 성경을 유효 적절하게 사용하여 하나님께서 하나님의 자녀인 여러분을 위하여 예비해 두신 관계를 경험하고 그 목적을 성취할 수 있도록 도와 주기 위한 것이라는 점도 잊지 마십시오.

짤막한 울타리 정의

여러분은 빌의 이야기(41-44쪽)를 기억하고 있나요? 빌 부모는 빌의 청구서를 대신 지불해 주고, 빌의 상황에 대하여 대신 초조해하고, 빌의 미래를 대신 염려해 주고, 빌의 삶을 유지시키기 위하여 많은 노력을 기울였습니다. 빌은 공부도 안하고, 계획도 안 세우고, 일도 안 했지만, 그에게는 좋은 집이 있었고, 많은 돈이 있었으며, 자기 본분을 다하고 있는 식구들의 권리도 모두 다 빌의 차지였습니다. 빌은 무책임한데도 행복했습니다 ──그리고 빌의 부모는 책임감이 강한데도 비참했습니다.

또한 여러분은, 그 사실을 빌의 부모가 깨달을 수 있도록 우리가 어떻게 도왔는지도 기억하고 있습니까? 우리는 빌을 자기 잔디에 한번도 물을 주지

울타리는 어떤 모양일까요?

않은 사람에 비유했습니다. 이웃들이 스프링클러를 켤 때마다 빌의 잔디로 물이 떨어집니다. 이웃들의 잔디는 시들어 죽어 가고 있는데, 빌은 새파란 자기 잔디를 보고서 정원이 참 싱싱하다고 생각합니다. 우리는 그 이웃들이 사유지 경계선을 좀더 분명하게 긋고, 자기들 잔디로 물이 떨어지도록 스프 링클러를 잘 조정해야 한다고 말해 주었습니다. 아마 그후로도 계속해서 빌 이 자기 잔디에 물을 주지 않았다면, 그리하여 지저분한 곳에서 살고 있는 자신을 발견했다면, 그는 자기에게 문제가 있다는 것과 그 문제를 해결하기 위하여 뭔가 조처를 취해야 한다는 것을 깨닫게 되었을 것입니다(43쪽).

● 여러분의 잔디는 시들어 죽어 가고 있는데, 여러분은 지금 누구의 정원에 물을 뿌리고 있습니까?

● 다른 사람으로 하여금 여러분의 정원에 물을 뿌리게 하고 있는 부분 은 어디입니까?

● 다른 누군가의 정원에 물뿌리는 일을 그만두는 것은 잔인한 일일까 요? 여러분의 정원에 물을 뿌리고 있는 사람에게 그 일을 그만두라 고 하는 것은 잔인한 일일까요? 만일 그렇다면 왜 그렇고, 안 그렇 다면 왜 안 그럴까요?

울타리란 무엇일까요?

눈에 보이지 않는 사유지 경계선과 책임감

물질 세계에서는 쉽사리 울타리를 찾아볼 수가 있습니다. 영성 세계에도 물론 울타리가 있지만, 눈으로 보기 어려운 것들일 경우가 많습니다(44쪽).

● 여러분이 매일 취급하고 있는 물질 세계의 울타리에는 어떤 것들이 있습니까?

● 영성 세계에는 어떤 울타리들이 필요하다고 생각하나요?

● 영성 세계의 울타리가 물질 세계의 울타리만큼이나 중요한 까닭은 무엇일까요?

이 과의 목표는, 여러분이 눈에 보이지 않는 자신의 울타리를 확인할 수 있도록 도와 주고, 나아가 여러분이 자신의 사랑을 키워 주고 자신의 생명을 지켜 주는 영원한 실재로서 자기 울타리를 인정할 수 있도록 도와 주는 것입니다. 이 울타리는 여러분의 영혼을 경계짓고, 또 여러분이 자신의 영혼을 지키고 유지해나갈 수 있도록 도와 줍니다(잠언 4장 23절 ; 44쪽).

울타리는 어떤 모양일까요?

나와 남

울타리는 우리의 경계를 정해 줍니다. 울타리는 어떤 것이 나의 것이고 어떤 것이 남의 것인지를 경계짓습니다. 울타리는 어디에서 나의 것이 끝나고 어디에서부터 남의 것이 시작되는지를 알려 줌으로써, 나에게 소유권 의식을 심어 줍니다. 우리는 우리의 영혼 속에 들어 있는 것들을 잘 다루어야 합니다(잠언 14장 10절). 그리고, 울타리는 우리가 그것을 경계지을 수 있도록 도와 줄 것입니다. 성경은 우리의 제한 범위가 어디인지, 그 제한 범위를 어떻게 보호할 것인지를 명확하게 일러 주고 있습니다. 그런데 우리의 가족이, 아니면 과거의 관계들이 우리로 하여금 그 제한 범위를 혼동하게 만드는 경우가 많이 있습니다(46쪽).

● 자신이 책임져야 할 부분을 알고 또 그 책임을 완수하는 것이 어떻게 여러분에게 자유를 가져다 주는지 설명해 보십시오.

● 우리가 우리 영혼의 제한 범위를 알지 못한다거나 또는 잘못 알고 있을 경우 고통이 따르는 것은 왜일까요?

'대하여'와 '위하여'

우리는 다른 사람에 대한(to) 책임과 우리 자신을 위한(for) 책임을 지고 있습니다.

● 갈라디아서 6장 2절은 다른 사람에 대한 책임에 관하여 뭐라고 가르치고 있습니까?

● 여러분의 삶 속에서, 누군가가 그리스도의 본을 따라 희생적인 사랑을 여러분에게 베풀고, 또 여러분 스스로 할 수 없는 것들을 대신 해주기 위하여 자기 자신까지 부인한 것은 언제입니까?

● 여러분은 언제 그리스도의 본을 따라 희생적인 사랑을 베풀고, 또 남들 혼자서 할 수 없는 것들을 대신 해주기 위하여 여러분 자신까지 부인해 보았습니까?

이제 갈라디아서 6장 5절을 살펴보기로 하겠습니다. burden과 load를 뜻하는 각각의 그리스어를 찾아보면 이 본문의 의미를 잘 알 수 있습니다. burden은 그리스어로 '초과 화물,' 다시 말해서 남의 도움을 받아야만 옮길 수 있는 표석을 의미합니다. 이와 대조적으로, load를 뜻하는 그리스어는 '화물'이나 '그날 그날의 수고로운 짐'이라는 의미를 갖고 있습니다. 이 짐은 배낭과도 같은 것입니다. 배낭은 혼자서도 지고 갈 수가 있으며, 우리는

울타리는 어떤 모양일까요?

모두 자신의 배낭을 지고 가게 되어 있습니다. 우리는 자신의 감정과 태도와 행동을 잘 다루어야 하며, 또한 아무리 힘들다 할지라도 하나님께서 우리들 저마다에게 맡기신 책임을 지고 가야 합니다. 그리고 여기에 한 가지 덧붙이자면, 우리는 절대로 다른 사람의 배낭을 대신 지고 가서는 안 됩니다(누가복음 9장 23절 ; 46-48쪽).

● 자신의 '표석'이 마치 매일매일의 짐이라도 되는 것처럼 행동하면서 남의 도움까지 거절한 것은 언제입니까? 요즈음에는 어느 부분에서 그런 행동을 취하고 있습니까?

● 자신의 '일상적인 짐'이 마치 표석이라도 되는 것처럼 행동하면서 스스로 지고 가려고 하지 않은 것은 언제입니까? 요즈음 그런 행동을 취하고 있는 부분은 어디입니까?

● 위의 두 가지 질문이 여러분 자신을 바로 볼 수 있도록 도와 준 것은 무엇입니까——그리고, 방금 깨달은 것을 어떻게 할 생각입니까?

여러분이 고통 속에 머무르거나 무책임한 사람이 되지 않기 위해서는 '나의 것'이 무엇인지, 어디까지가 내 책임의 울타리이고 어디서부터가 다른 사람의 책임인지를 정해 놓아야 합니다. 그러면, 지금부터 울타리의 본질에 관하여 좀더 자세히 살펴보기로 하겠습니다(48쪽).

좋은 것은 안쪽에, 나쁜 것은 바깥쪽에

울타리는 우리가 자기 사유지를 구별하고 그 사유지를 지킬 수 있도록 도와줍니다. 우리는 우리에게 영양을 공급해 줄만한 것들은 담장 안쪽에 두고, 우리에게 해를 미칠만한 것들은 바깥쪽에 묶어 두어야 합니다. 우리는 좋은 것들은 안쪽에 두고 나쁜 것들은 바깥쪽에 두어야 합니다. 그리고 우리가 그렇게 할 수 있도록 도와주는 것이 바로 울타리입니다(48쪽).

● 우리 소유지를 둘러싼 담장 ── 우리 울타리 ── 에는 안쪽에 문이 달려 있어야 합니다. 그래야 나쁜 것들이 담장 안쪽에 있을 경우, 밖으로 내보낼 수가 있습니다. 고백을 통해서 바깥으로 내보내야 할 고통과 죄, 그리하여 계속해서 여러분을 안쪽에 가둬 놓지 못하도록 막아야 할 고통과 죄는 무엇입니까(마가복음 7장 21-23절 ; 요한1서 1장 9절 ; 야고보서 5장 16절)?

● 또한, 바깥쪽에 있는 좋은 것들을 들여 놓기 위해서도 그 문은 필요합니다. 예를 들어, 우리는 예수님과 그분의 진리를 받아들여야 합니다(요한복음 1장 12절 ; 요한계시록 3장 20절). 나아가, 우리는 다른 사람들이 우리에게 주고 싶어하는 좋은 것들에 대해서도 그 문을

울타리는 어떤 모양일까요?

활짝 열어 주어야 합니다(고린도후서 6장 11-13절). 여러분이——
예수님과 그분의 백성으로부터—— 받아들일 수 있는 좋은 것들에는
어떤 것이 있을까요?

분명히 말하지만, 울타리는 결코 벽이 아닙니다. 성경은 다른 사람에게
'벽을 쌓으라'고 가르치지 않습니다 ; 사실, 성경은 우리가 다른 사람과 '하
나'가 되어야 한다고 가르치고 있습니다(요한복음 17장 11절). 우리는 다
른 사람과 공동체를 이루어야 합니다. 하지만, 어떤 공동체든지 그 곳에 소
속된 개인들 저마다에겐 그들 자신만의 공간과 사유지가 주어져야 합니다
(50쪽).

● 여러분은 과거의 상처 때문에 울타리의 기능을 뒤바꾼 적이 있습니
  까? 나쁜 것들은 안쪽에 두고 좋은 것들은 바깥쪽에 두기 위하여 울
  타리를 사용하고 있는 부분은 어디입니까? 있는 그대로 표출하고
  여러분의 영혼 밖으로 몰아내는 대신, 오히려 안쪽에 묶어 두고 있
  는 고통은 무엇입니까? 여러분을 치유해 줄 만한 외부의 사랑과 후
  원에 대하여 문을 걸어 잠그고 있는 부분은 어디입니까?

하나님과 울타리

울타리라는 개념은 바로 하나님의 본질 그 자체에서 비롯된 것입니다. 하
나님께서는 하나님 자신을 특별한 존재, 분리된 존재로 경계지으시며, 하나

님 자신을 책임지십니다(50-51쪽).

● 하나님은 하나님 자신에 관한 것들을 우리에게 일러 주심으로써 하나님의 성격을 규명하십니다. 성경에서 하나님은 하나님이 생각하시는 것과 느끼고 계신 것, 계획하고 계신 것, 허락하시는 것, 허락치 않으시는 것, 좋아하시는 것, 싫어하시는 것에 관하여 우리에게 뭐라고 말씀하십니까? 예를 들면, 창세기 12장 2절 ; 예레미야 3장 12절 ; 에스겔 6장 9절 ; 36장 26절에는 뭐라고 쓰여 있나요?

● 하나님은 하나님의 피조물과 우리 인간으로부터 하나님 자신을 구별하십니다. 하나님은 다른 존재들로부터 하나님 자신을 구별해 내십니다. 하나님은 우리에게 하나님이 어떤 존재인지, 또 어떤 존재가 아닌지를 일러 주십니다. 레위기 11장 44절 ; 이사야 48장 12절 ; 60장 16절 ; 요한1서 4장 16절에서 하나님은 하나님 자신에 관하여 뭐라고 말씀하십니까?

● 하나님은 또한 하나님의 정원에서 허락하실 일들에 대한 경계를 정해 두고 계십니다. 예를 들어서, 출애굽기 20장 1-17절과 마태복음 5장 21절-6장 4절은 이 경계에 관하여 뭐라고 말하고 있습니까?

울타리는 어떤 모양일까요?

● 호세아 6장 6절, 미가 6장 8절, 마가복음 12장 30-31절, 그리고 요한1서 4장 7-12절은 하나님의 담장 문에 관하여 뭐라고 말하고 있습니까?

또한, 하나님은 삼위일체 내부에도 울타리를 갖고 계십니다. 성부·성자·성령은 하나이면서 동시에 저마다 울타리를 지니고 있는 독립된 인격(*persons*)이십니다. 성부·성자·성령은 저마다의 개인적 특질(*personhood*)과 책임을 지니고 계실 뿐만 아니라, 서로를 향한 사랑으로 연결되어 계십니다(요한복음 17장 24절). 하나님의 형상대로 지음받은 우리, 하나님께로부터 경계선 내부의 개인적인 책임을 부여받은 우리는, 하나님이 우리에게 주신 삶에 대한 청지기적 사명을 책임지고 완수해내기 위해서, 하나님처럼 울타리를 발달시켜야 합니다(50-51쪽).

울타리의 예

울타리는 여러분 자신과 다른 사람을 구별할 수 있도록 도와 주는 것, 여러분이 어디에서 시작하여 어디에서 끝나는가를 잘 보여 주는 것입니다(51-52쪽).

● 아래에 열거된 여러 가지 유형의 울타리에 관한 논의(51-60쪽)를 다시 한번 들여다보십시오. 그런 다음에는, 각각의 울타리 유형에 대한 성서적 후원을 찾아 보십시오. (성경은 이 울타리들을 지키는

울타리란 무엇일까요?

것에 관하여 뭐라고 말하고 있으며, 또 어떤 예들을 들고 있습니까?) 사람들이 언제 여러분의 특정 울타리를 존중해 주었는지(어떤 상황이었는지, 왜 여러분은 강해질 수 있었는지, 그 경험을 통해서 여러분이 배운 것은 무엇인지) 말해 보십시오. 그리고, 각각의 울타리를 강화시키지 못하도록 여러분을 막고 있는 것은 무엇인지도 한 번 생각해 보십시오(사람들이 언제 여러분의 울타리를 존중해 주지 않았는지 돌아보고, 왜 그랬는지를 밝혀 보세요).

● 피부

● 언어, 특히 '아니오'라는 말

● 진실

● 지리적 거리

울타리는 어떤 모양일까요?

- 시간

- 정서적 거리

- 다른 사람

- 결과

- 이번에는, 조금 다른 관점에서 울타리 목록을 한번 살펴보기로 하지요.

- 다른 사람이 세워 놓은 울타리 가운데, 여러분이 좀더 존중해 주어야 할 울타리는 무엇인가요?

● 왜 여러분은 사람들, 특히 어떤 특정 인물들의 울타리를 존중하기
  가 힘든 것일까요?

● 여러분의 삶 속에서 사람들의 울타리를 좀더 존중해 줄 수 있으려
  면 어떻게 해야 할까요?

나의 울타리 안에는 무엇이 들어 있을까요?

선한 사마리아인에 관한 이야기(*누가복음 10장 30-37절*)는, 울타리를 지
켜야 할 때와 무너뜨려야 할 때를 구별하기 위한 좋은 예입니다. 그렇지만,
그 이야기의 다음 장면을 상상해 놓은 부분은, 우리 쪽에서 연민을 갖고서
도움이 필요한 어떤 사람에게 도움을 주었는데, 나중에는 도리어 그 사람이
우리가 의도했던 것보다 더 많은 것들을 주도록 조종했다는 사실을 깨닫고
원망하며 화를 내게 될 때, 무슨 일이 벌어지는지를 잘 보여 줍니다 —— 때
로는 우리 쪽에서 다른 사람들을 조종할 수도 있지요! 우리 울타리 안에서
무슨 일이 벌어지고 있는지, 우리의 책임이 무엇인지를 잘 알고 있을 때라
야만 우리는 그 같은 시나리오를 피해 갈 수 있습니다(*60-62쪽*).

감정

감정은 무시해서도 안 되고 비난해서도 안 됩니다. 감정은 우리가 자신의
마음 상태를 알 수 있도록 경고해 주는 신호입니다. 성경은 여러분의 감정

●
울타리는 어떤 모양일까요?

을 '소유하고' 또 그것을 책임지라고 말합니다. 여러분은 감정이 여러분의 사유 재산임을 깨달아야 합니다. 그래야만 그 감정들이 가리키고 있는 문제들에 대하여 해답을 제시할 수가 있습니다. 감정은 종종 우리가 훨씬 더 좋은 쪽으로 행동할 수 있도록 동기를 부여해 줄 수 있습니다(마태복음 9장 36절 ; 15장 32절 ; 누가복음 10장 33절 ; 15장 20절 ; 62-63쪽).

● 여러분은 자신의 감정을 어떻게 처리하는 편입니까——무시해 버립니까, 아니면 비난을 퍼붓습니까? 자신이 왜 그런 식으로 반응한다고 생각합니까?

● 여러분은 분노의 감정을 어떻게 처리하는 편입니까?

● 만일 지금 여러분이 분노의 감정을 키워 나가고 있다면, 그것이 여러분에게 털어 놓으라고 지적해 주고 있는 문제는 무엇입니까? 여러분은 그 문제를 어떻게 할 생각입니까?

태도와 신앙

태도는 어떤 것에 대한 여러분의 방침과 관련이 있으며, 다른 사람이나

울타리란 무엇일까요?

하나님·삶·일, 관계 등에 대한 여러분의 자세와 관계가 있습니다. 신앙은 여러분이 진리로 받아들이는 것입니다. 경계를 정하고 적절한 책임을 인정하는 게 힘든 싸움일 수도 있겠지만, 그렇게 하는 것이 곧 여러분의 생명을 구하는 길이라는 점을 명심하십시오(잠언 13장 18, 24절 ; 64쪽).

● 여러분은 자신의 태도와 신앙이 미치는 영향을 그대로 느끼게 되는 당사자이며, 또한 그 태도와 신앙을 변화시킬 수 있는 유일한 존재이기도 합니다. 여러분의 선택권을 축소시키고 여러분에게 고통을 안겨 주는 태도와 신앙에는 어떤 것들이 있습니까? 여러분은 하나님의 진리와 일직선상에 있는 태도와 신앙을 얻기 위하여 어떤 일을 할 생각입니까?

● 여러분은 다른 사람의 감정이나 선택·행동에 대하여 책임을 느끼는 편입니까? 어느 부분에서, 또는 어떤 사람에게 책임을 느끼고 있나요? 정말로 자신의 책임이 무엇인가를 좀더 잘 이해하기 위하여 여러분은 무슨 일을 할 생각인가요?

행동

행동에는 반드시 결과가 뒤따릅니다. 바울은 "사람은 무엇을 심든지, 심은 대로 거둘 것"(갈라디아서 6장 7-8절)이라고 말하고 있습니다. 잠언의

울타리는 어떤 모양일까요?

경고대로, "옳은 길을 저버리는 사람은 엄한 징계를 받을 것입니다"(잠언 15장 10절). 행동의 당연한 결과로부터 사람들을 도피시켜 주는 것은 그들을 무력한 상태로 몰아대는 것과도 같습니다(65쪽).

● 누군가가 여러분의 삶에 끼어들어 뿌림과 거둠의 법칙을 방해하고, 훌륭한 스승이 되었을지도 모를 결과로부터 여러분을 보호해 준 것은 언제입니까? 무슨 일이 벌어졌었나요?

● 여러분이 누군가의 삶에 끼어들어 뿌림과 거둠의 법칙을 방해하고, 훌륭한 스승이 되었을지도 모를 결과로부터 그 사람을 보호해 준 것은 언제입니까? 무슨 일이 벌어졌었나요?

선택

우리는 자신의 선택에 대하여 책임을 져야 합니다. 자신의 선택을 책임질 수 있을 때 우리는 '절제'의 열매를 맺게 됩니다(갈라디아서 5장 23절). 우리의 선택을 인정하지 않는 것, 우리의 선택에 대한 책임을 다른 사람에게 전가하려 드는 것은 흔히 볼 수 있는 울타리 문제입니다. 성경을 쭉 훑어보면, 자신의 선택을 기억해내고 그것을 책임지라는 명령을 받은 사람들을 수 없이 많이 찾아볼 수 있습니다(여호수아 24장 15절 ; 마태복음 20장 13절 ;

●
울타리란 무엇일까요?

로마서 8장 13절 ; 고린도후서 9장 7절 ; 빌레몬서 1장 14절 ; 66-67쪽).

● 여러분은 무슨 일을 하거나 하지 않았을 때 그 이유를 설명하기 위
하여, '그래야만 했어!'라든가 '그 사람이 시켰어!'라는 말을 얼마
나 자주 사용하는 편인가요?

● 여러분이 책임지지 못한 선택은 어떤 것들인가요? 여러분은 자신이
처한 상황에 대하여 누구를 비난하고 있나요?

가치

우리가 가치있게 여기는 것은 곧 우리가 사랑하는 것, 우리가 중요하게
생각하는 것입니다. 종종 우리는 자신이 가치있게 여기는 것에 대하여 책임
을 지지 않으려 합니다. 울타리는 우리가 자신의 낡고 유해한 가치를 부인
하는 것이 아니라 오히려 인정하도록 도와줍니다. 그것을 통하여 하나님께
서는 우리 안에 새로운 마음, 곧 우리를 만족시켜 주고 영원히 지속될 만한
것들을 가치있게 여기는 마음을 심으시지요(68쪽).

● 언제 여러분은 사람의 영광을 하나님의 영광보다 더 가치있게 여
기는 일에 몰두하였습니까(요한복음 12장 43절)? 그 경험을 통해
서, 또는 그런 덫에 걸린 사람을 보고서 얻은 교훈은 무엇이었습

울타리는 어떤 모양일까요?

니까?

● 사실은 사랑만이 채워 줄 수 있는데도, 여러분의 가장 절실한 갈망을 충족시키고픈 마음에서 권력이나 부나 쾌락을 추구하고 있는 부분은 어디입니까? 그릇된 대상을 사랑하는 것에 대하여 책임을 지는 일은 여러분의 삶에 어떤 영향을 미치게 될까요?

경계

경계의 두 가지 측면은 좀더 튼튼한 울타리를 세우는 작업을 할 때에 한층 돋보이게 됩니다. 첫째, 경계를 쌓고 우리를 분리시키는 것은 곧 사랑을 지키는 길입니다. 우리는 사랑을 파괴하는 것들과 정면으로 맞서야 합니다. 둘째, 내부 구조를 형성하기 위하여 경계를 정하는 것은 소유권·책임감·자기-통제 못지 않게 울타리와 정체성에서도 무척 중요한 요소입니다(68-70쪽).

● 첫번째 측면은 다른 사람에 대하여 경계를 정하는 것입니다. 이것은 졸렬하게 행동하는 사람들에게 우리가 스스로를 드러내는 일에 경계를 정하는 것을 의미합니다(마태복음 18장 15-17절; 고린도전서 5장 9-13절). 우리는 결코 다른 사람들을 변화시키거나, 올바른 행동을 하도록 이끌 수 없습니다. 하지만 그들로부터 어느 정도의 거리

를 유지할 수는 있습니다. 요즈음 여러분의 삶에서, 어떤 사람에게 여러분 자신을 드러내는 일에 경계를 정하는 것이 더 좋을 듯한 부분은 어디입니까? 왜 그렇게 하는 것이 현명한 처사일까요? 그렇게 하지 못하도록 막고 있는 것은 무엇인가요?

● 다른 사람에 대하여 경계를 정하는 것 외에도, 우리 자신의 내부적인 경계를 쌓는 것 역시 우리가 좀더 튼튼한 울타리를 세울 수 있도록 도와 줍니다. 우리에게는 억압되지 않은 자기-통제가 필요합니다. '아니오'라고 말하는 법을 배워야 할 필요가 있는 파괴적인 욕구는 무엇입니까? 좋은 욕구라 할지라도, 시기가 적절하지 못할 경우 '아니오'라고 말하는 법을 배워야 할 필요가 있는 욕구는 무엇입니까?

재능

돈을 예로 든 것이기는 하지만, 마태복음 25장 14-30절은 하나님이 주신 재능과 은사에 대한 소유권을 인정하고 그 재능과 은사를 사용해야 하는 우리의 책임을 아주 잘 보여 주고 있습니다. 우리의 재능은 우리 울타리 내부에 있으며, 따라서 우리의 책임입니다. 그렇지만, 그것의 소유권을 인정한다는 것은 투쟁이 따르는 일이며 언제나 위험스러운 일입니다. 우리의 재능을 발휘하지 못하도록 막을 수도 있는 실패에 대한 두려움을 극복하기 위

울타리는 어떤 모양일까요?

해서는 노력과 실천·학습·기도·자원, 그리고 은총이 필요합니다. 하지만 우리는 하나님께서 주신 자신의 재능을 발휘하여 생산적인 인물이 될 때에 더더욱 책임있는 사람이 될 수 있습니다 —— 더더욱 행복한 사람이 될 수 있는 것은 물론이고요(70-71쪽).

● 하나님이 여러분에게 주신 재능과 은사, 능력은 무엇입니까? 확실치 않거든, 여러분을 잘 알고 있는 사람에게 도움을 청해 보십시오.

● 여러분이 현재 발휘하고 있는 재능과 은사, 능력은 무엇입니까? 여러분은 자신이 하고 있는 일들에 관하여 어떻게 생각하나요?

● 여러분이 발휘하지 못하고 있는 재능과 은사, 능력은 무엇입니까? 그 두려움의 근원은 무엇인가요? 그 두려움을 극복하기 위하여 여러분은 어떤 단계를 밟을 생각입니까?

생각

우리의 마음과 생각은 하나님의 형상을 그대로 담고 있는 중요한 요소입니다. 우리는 온 마음을 다하여 하나님을 사랑하라고 부름받았습니다(마가

울타리란 무엇일까요?

복음 12장 30절). 따라서, 우리는 "모든 생각을 사로잡아 그리스도께 복종
시켜야" 합니다(고린도후서 10장 5절). 우리는 자기 자신의 생각을 소유하
고 있어야 하며, 하나님에 관한 지식을 지켜 나가야 합니다. 또 우리는 비틀
어 곱새겨진 생각들을 바로잡아야 하고, 만일 우리의 생각을 다른 사람들이
알아 주길 바란다면, 직접 그들에게 우리의 생각을 일러 주어야 합니다(72-
73쪽).

● 우리는 자기 자신의 생각을 갖고 있어야 합니다. 여러분은 자신의
  생각을 끝까지 관철시키는 편입니까, 아니면 다른 사람들의 생각을
  그대로 받아들여서 여러분의 생각을 대신하게 만드는 편입니까? 그
  러는 까닭은 무엇입니까? 여러분의 삶에서, 몇 가지 쟁점들에 관한
  여러분의 생각을 끝까지 관철시키는 것이 좋을 듯한 부분을 한 군데
  만 지적해 보십시오.

● 우리는 지식 안에서 성장하고 우리의 마음을 넓혀 나가야 합니다.
  여러분은 하나님과 그분의 말씀에 관한 지식을 키워 나가기 위하여
  어떤 일을 하고 있습니까? 하나님과 그분의 창조에 관한 지식을 키
  워 나가기 위해서는요? 여러분은 하나님께 영광을 돌리기 위하여
  자신의 두뇌를 어떻게 사용하고 있습니까?

● 우리는 왜곡된 사고를 바로잡아야 합니다. 그리고, 우리가 가장 쉽게

울타리는 어떤 모양일까요?

알아볼 수 있는 왜곡은 바로 인간 관계의 왜곡입니다. 과거의 관계들을 한번 돌이켜보십시오. 지금 와서 돌이켜보건대, 여러분과 관계를 맺은 사람들에 관하여 왜곡된 생각을 품었던 부분은 어디입니까? 현재 여러분이 사람들을 있는 그대로 바라보지 못하고 있는 부분은 어디입니까?

● 마지막으로, 우리는 자신이 다른 사람에게 자기 생각을 전달하고 있다는 사실을 확실히 알아야 합니다. 궁극적으로, "사람 속에 있는 사람의 영이 아니고서야, 누가 그 사람의 생각을 알 수 있겠습니까?"(고린도전서 2장 11절). 여러분은 누가 자신의 생각을 읽어 주길 바라고 있습니까? 여러분은 누구에게 자신의 생각을 전달하길 두려워하고 있습니까? 여러분이 자신의 생각을 전달하지 못하도록 막고 있는 것은 무엇이라고 생각하나요?

욕구

우리는 저마다 다른 욕구와 욕망, 꿈과 소망, 목표와 계획, 허기와 갈증을 지니고 있습니다 ──그렇지만 우리 가운데 그것들을 다 충족시킬 수 있는 사람은 매우 드뭅니다. 문제의 일부는, 우리가 자신의 목표를 달성하는 데 꼭 필요한 특수 단계들을 밝혀내고 또 그 단계들을 밟아 나갈 수 있도록 ──울타리가 제공해 주는── 내적 구조를 지니고 있지 못하다는 데 있습니다.

●
울타리란 무엇일까요?

게다가, 우리는 종종 우리의 욕구를 하나님께 적극적으로 아뢰지 않을 때가 있습니다(전도서 11장 9절 ; 마태복음 7장 7-11절 ; 빌립보서 2장 12-13절 ; 야고보서 4장 2-3절). 하지만, 하나님은 진실로 우리의 욕구에 관심을 갖고 계십니다. 그 욕구를 만드신 분도 하나님이고, "당신을 경외하는 사람의 소원을 이루어 주시는"(시편 145편 19절) 분도 하나님입니다(시편 21편 2-3절 ; 37편 4절도 읽어 보십시오 ; 73-75쪽).

● 여러분은 언제 하나님께서 주신 욕구가 충족되는 것을 경험해 보았습니까? 그 상황과 여러분의 느낌을 자세히 적어 보십시오.

● 현재 여러분이 추구하고 있는 욕구들 가운데, 하늘에 계신 성부, 지혜로우신 아버지께서 아마도 여러분에게 주실 생각이 없는 듯한 것을 추구하고 있는 것은 무엇입니까?

● 여러분이 현재 추구하고 있는 욕구·꿈·목표를 한번 생각해 보십시오. 기도 시간에 그것들을 집중적으로 간구해 보십시오. 여러분의 생각을 다듬어 주시고, 필요하다면 여러분의 길을 다시 가르쳐 주시라고 하나님께 기도드리세요.

●
울타리는 어떤 모양일까요?

사랑

사랑을 주고받을 수 있는 우리의 능력이야말로 가장 멋진 재능입니다. 하나님께서 하나님의 형상대로 만들어 주신 우리의 마음은 우리 존재의 중심입니다. 사랑을 들여보내 주고 또 사랑을 흘려내보낼 수 있는 우리 마음의 능력은 우리 삶에서 매우 중요한 능력입니다. 우리는 우리 마음이 사유지임을 인정해야 하며, 사랑을 주는 일이나 받는 일에서 우리의 연약함을 점차로 개선해 나가야 합니다. 그렇게 할 때, 우리에게 생명의 문이 열릴 것입니다(77-77쪽).

● 왜 여러분은 사랑을 베푸는 일이나 사랑을 받는 일에 어려움을 겪고 있습니까?

● 우리의 육체와 마찬가지로, 우리의 사랑하는 마음 역시 생혈(life-blood)의 유입과 유출이 있어야 합니다(마태복음 22장 37절 ; 39장 2절 ; 고린도후서 6장 11-13절). 여러분의 삶 속에서는 생혈의 유입이 얼마나 잘 이루어지고 있습니까? 여러분에게 양분을 공급해 주고 있는 건전하고 경건한 관계는 어떤 것입니까?

● 여러분의 삶 속에서는 생혈의 유출이 얼마나 잘 이루어지고 있습니까? 하나님이 여러분에게 베푸신 것과 같은 무조건적인 사랑을 여

●
울타리란 무엇일까요?

러분이 다른 사람들에게 베풀고 있는 부분은 어디입니까?

●앞의 두 질문에 대한 여러분의 답변은, 여러분의 신뢰 근육이 어떤
 상태에 있다고 말해 주고 있습니까? 여러분은 혹 신뢰하기가 힘들
 어서 사랑을 거부하고 있거나 베풀지 못하고 있는 게 아닙니까?

---

*감정, 태도와 신앙 · 행동 · 선택 · 가치 · 경계 · 재능 · 생각 · 욕구, 그
리고 사랑 ——이것들은 모두 우리 울타리 안에 있는 것들입니다. 그러므로,
우리는 우리 영혼의 이 모든 영역에 대하여 책임을 져야 합니다.*

●이 영역들 가운데, 여러분이 현재 책임을 잘 수행하고 있는 영역은
 어디입니까?

●이번 주부터 좀더 책임을 잘 완수하기 위하여 노력할 생각인 영역
 은 어디입니까? 어떤 노력을 기울일 생각입니까? 자세히 적어 보
 십시오.

울타리는 어떤 모양일까요?

우리의 울타리 안에 있는 것들을 지키는 것은 그다지 쉬운 일이 아닙니다. 다른 사람이 그들의 울타리 안에 있는 것들을 지키도록 허용하는 것 역시 결코 쉬운 일이 아닙니다. 울타리를 세우고 또 그 울타리를 유지하는 것은 무척 힘든 일입니다. 그러나, 다음 장에서도 보게 되겠지만, 울타리 문제들은 한 눈에 알아보기 쉬운 형태들을 취하고 있습니다. 울타리 문제의 유형을 알고 나면, 여러분은 자기 자신을 위하여 좀 더 튼튼한 울타리를 세울 수 있을 것입니다.

기도

하나님, 하나님은 제 삶이 어느 면에서 쉐리의 삶과 비슷한가를 보여 주셨습니다——제가 울타리 쌓기에 실패한 곳, '담장' 안쪽에 '문'을 달아 놓지 못한 곳, 그리고 좋은 것들은 바깥에 묶어 두고 나쁜 것들은 안에 넣어 둔 곳이 어디인지를 가르쳐 주셨습니다. 하나님은 또한 그 이유 ——과거의 상처, 모델의 결핍, 그리스도교적 가르침의 오해——도 알고 계십니다. 또 하나님은, 하나님께서 울타리를 쌓으라고 저를 부르시고 또 직접 저를 위하여 모델이 되어 주셨음을 깨닫고서 제가 발견한 희망까지도 잘 알고 계십니다. 이 연구를 진행시켜 나가는 동안 제 감정, 태도와 신앙·행동·선택·가치·경계·재능·생각·욕구, 그리고 사랑을 책임질 수 있는 방법을 가르쳐 주십시오. 제가 적절하고 성서적인 울타리를 세워, 제 삶을 통하여 하나님께 영광을 돌릴 수 있도록 도와 주십시오. 예수님의 이름으로 기도드립니다. 아멘.

울타리란 무엇일까요?

2

울타리 이해

울타리는 자칫 오해하기가 쉽습니다. 예컨대, 언뜻 보기에는 경계를 정하기 어려운 사람에게만 울타리 문제가 있는 것처럼 보이지만, 사실은 다른 사람의 경계를 존중해 주지 않는 사람에게도 역시 울타리 문제는 있는 것입니다. 이 장에서 우리는 울타리 문제의 주요 형태들을 몇 가지 범주로 나누어 살펴보게 될 것입니다(79쪽).

순종 : 나쁜 일에도 '예'라고 말하는 것

순종적인 사람들은 분명하지 못하고 흐릿한 울타리를 지니고 있습니다 ; 그들은 다른 사람의 요구와 필요에 '녹아 들어가' 버립니다. 순종적인 사람들은 마치 카멜레온과도 같습니다. 나쁜 것들에도 '아니오'라고 말하지 못하는 것은 그 파급 효과가 큽니다. 이것은 우리 삶 속에 있는 악을 거부하지 못하게 할뿐만 아니라, 때로는 악을 인정조차 못하게 막는 수가 있습니다. 그들의 영적, 정서적 '전파 탐지기'는 망가져 버렸습니다 ; 그들에게는 자기 마음을 지킬 만한 능력이 전혀 없습니다(잠언 4장 23절 ; 80-83쪽).

● 여러분은 자라면서 울타리 쌓기와 '아니오'라고 말하기에 관하여 뭐라고 배웠습니까? 그것들은 좋은 것이었나요, 나쁜 것이었나요? 어떻게 그것을 배웠습니까?

● 여러분은 자신의 영적·정서적 "전파 탐지기"가 제 기능을 다하지 못하고 있다는 사실을 언제 알아차렸습니까? 예를 들면, 추억 속에서만 악을 인식한 게 언제입니까?

● 전파 탐지기가 망가진 사람들은 나쁜 것들에도 '아니오'라는 말을 하지 못합니다. 여러분이 '예'라고 말해 버린 나쁜 것들은 무엇입니까? 그리고 지금까지도 '예'라고 대답하고 있는 나쁜 것들은 무엇인가요?

● 만일 여러분이 순종적인 사람에 속한다면, '아니오'라고 말함으로써 자신을 보호해야 할 일이 생길 때마다 입이 붙어 버리는 데에는 이유가 몇 가지 있을 것입니다. 여러분의 경우에는 다음의 이유들 가운데 어떤 것들이 해당되나요?

　● 다른 사람의 감정을 상하게 할 것이라는 두려움

●
울타리란 무엇일까요?

- 버림받거나 분리될 것이라는 두려움
- 전적으로 다른 사람에게 의지하고픈 바람
- 다른 사람의 분노에 대한 두려움
- 처벌에 대한 두려움
- 수치를 당하게 될 것이라는 두려움
- 이기적이고 나쁜 사람으로 비칠 것이라는 두려움
- 세속적인 사람이 될 것이라는 두려움
- 지나치게 엄격하고 비판적인 자기 양심에 대한 두려움

여러분 자신의 양심에 대한 두려움은 사실 죄책감으로 경험하게 되는 것입니다(고린도전서 8장 7절). 지나치게 엄격한 양심은, 비성서적이고 비판적인 여러분 내면의 부모입니다. 여러분은 이 내면의 부모와 대결하는 것을 두려워하고 있습니다. 여러분이 양심의 가책을 느끼는 것도 바로 이 내면의 부모 때문입니다(83쪽).

- 여러분은 정작 하나님께서도 정죄하시지 않는 일 때문에 자신을 정죄하고 있습니까? 예를 한 가지 들어 보십시오.

- 언제 여러분은 누군가와 정직하게 대면함으로써 수반되는 부가적 죄책감을 회피하기 위하여 가혹한 양심에 복종하고 말았습니까?

　이렇게 가혹한 내면의 부모 때문에 순종하는 것과 성서적인 순종은 반드시 구별해야 합니다. 순종적인 사람들은 자유로운 선택이 아니라 두려움 때문에 많은 책임을 떠맡은 나머지 울타리를 세우지 못하게 됩니다(83쪽).

●어떤 책임에 대하여 동정심 때문에 '예'나 '아니오'라고 말한 것은 언제입니까? 그렇게 부가적인 책임을 떠맡는 것에 관하여 어떤 느낌이 들었습니까? 여러분은 동정심 때문에 베푸는 것과 죄책감 때문에 베푸는 것의 차이점을 알 수 있겠습니까?

●어떤 책임에 대하여 '예'라고 말할 때, 겉으로는 순종하는 체하면서도 속으로는 분개했던 것은 언제입니까?

●현재의 여러분 삶을 한번 평가해 보십시오. 여러분은 자신의 책임이 대부분 "희생 제물이 아니라 자비"(마태복음 9장 13절)에서 비롯된 것이라고 생각합니까, 죄책감과 여러분 내면의 부모 음성이 그 배후에 깔려 있다고 생각합니까? 정직하게 이야기해 보십시오.

울타리란 무엇일까요?

● 다음 번에 또 누군가가 여러분에게 부가적인 책임을 떠맡길 경우,
어떻게 할 생각입니까?

회피 : 좋은 일에도 '아니오'라고 말하는 것

회피는 도움을 요청하지 못하는 것, 자신의 필요를 인정하지 못하는 것,
그리고 다른 사람들을 안으로 들어오게 하지 못하는 것입니다. 회피하는 사
람들은 자기에게 필요한 것이 있을 때 물러나게 됩니다; 그들은 다른 사람
에게 결코 도움을 요청하지 않습니다. 레이첼 같은 사람들은, 자신이 남들
을 사랑한 것만큼 남들도 자기를 사랑할 수 있는 기회를 회피해 버립니다
(84-87쪽).

울타리는 마치 문이 달린 담장과도 같아서, 좋은 것들은 안으로 들여보내
고 나쁜 것들은 밖으로 내보낼 수가 있습니다 ; 울타리는 결코 벽이 아닙니
다(84쪽).

● 여러분의 울타리는 담장보다도 벽에 더 가깝습니까? 만일 그렇다면
왜 그럴까요?

● 하나님은 우리의 개인적인 울타리에 문을 달아 두도록 하셨습니다.
하나님은 또 우리가 하나님을 안으로 모셔들일 수 있는 자유와 하나
님 앞에서 문을 닫아 버릴 수 있는 자유도 허락하셨습니다(요한계시

●
울타리 이해

록 3장 20절). 하나님에 관한 한, 여러분의 울타리는 벽의 기능을
지니고 있습니까, 아니면 문 달린 담장의 기능을 지니고 있습니
까? 여러분의 삶 속에서 자세한 예를 들어 자신의 대답을 지지해
보세요.

● 회피하는 이들이 지니고 있는 파고들 수 없는 울타리는 하나님이 주
  신 필요까지도 완고하게 거부합니다. 여러분은 자신의 문제와 합법
  적인 필요와 소망까지도 나쁜 것, 파괴적인 것, 수치스러운 것으로
  받아들이고 있습니까? 그런 태도를 어디에서 배웠다고 생각합니까?

여러분은 마티의 이야기를 기억하고 있나요? 마티는 누군가가 네 시간만
할애해 달라고 하면 금방 '예'라고 말해 버리면서도, 정작 자신이 다른 사람
의 도움을 필요로 할 경우에는 말조차 꺼내지 못했습니다. 마티는 나쁜 일
들에도 '예'라고 말하고(순종), 좋은 일들에도 '아니오'라고 말해 버렸습니
다(회피). 회피하는 사람들, 특히 순종적인 회피자들은 온몸에서 힘이 쫙
빠져나가 버린 듯한 느낌을 갖게 됩니다. 그들은 일상 생활로 확대되어 갈
에너지를 재충전하는 데 반드시 필요한 후원마저도 받아들이지 못합니다
(86쪽).

● 여러분도 마티처럼 울타리를 뒤바꿔 놓았습니까? 여러분은 필요하지
  도 않은 곳에 울타리를 쳐놓고 있거나, 아니면 꼭 필요한 곳에 울타

울타리란 무엇일까요?

리를 쳐놓지 않은 것은 아닙니까?

●이제 자세히 적어 보십시오. 필요하지도 않은 곳에 울타리를 쳐놓은 부분은 어디입니까? 또, 꼭 필요한데도 아직까지 울타리를 치지 못하고 있는 부분은 어디입니까?

지배 : 다른 사람의 울타리를 존중하지 않는 것

지배자는 다른 사람의 '아니오'를, 그저 그 사람이 마음을 바꾸도록 유도해야 하는 도전쯤으로 여깁니다. 지배적인 사람들은 다른 사람의 경계를 존중할 줄 모릅니다. 그들은 자기 자신의 삶에 대한 책임을 거부합니다. 그리고, 그렇기 때문에 그들은 다른 사람의 삶을 지배해야 하는 것입니다. 따라서, 지배적인 사람들은 남을 교묘히 조종하기 좋아하고 싸움하기를 좋아하는 깡패와도 같다고 할 수 있습니다(87-93쪽).

●여러분은 어떤 관계나 상황에서 지배자라는 소리를 들어 왔습니까? 왜 여러분이 그 상황을 장악하는 것이 그리도 중요했을까요?

'아니오'라는 말에 귀를 기울일 줄 모르는 사람의 근본적인 문제는, 그들이 자기의 삶에 대한 책임을 자꾸 다른 사람에게 투사하려 한다는 것입니

울타리 이해

다. 그들은 하나님이 본래 혼자서 지고 가라고 주신 짐을 다른 사람이 지고 가게 만들기 위해서, 지배의 온갖 방법을 다 동원합니다(88쪽).

　공격적인 지배자들은 결코 다른 사람의 울타리에 귀를 기울이거나 존중해 주지 않습니다. 그들은 때로 말로써 사람을 학대하는가 하면, 때로는 신체적인 학대를 가하기도 합니다. 하지만 대개의 경우, 그들은 다른 사람에게 울타리가 있다는 사실조차도 깨닫지 못하고 있을 때가 많습니다. 성경에서, 베드로는 공격적인 지배자의 좋은 예입니다. 베드로는 주님의 울타리를 받아들이려 하지 않았습니다. 그러자 예수님은 베드로의 이 같은 울타리 침범에 대하여 곧바로 대면하셨습니다(마태복음 8장 33절 ; 89-90쪽).

● 여러분은 언제 공격적인 지배자와 대면해 보았습니까? 그 사람이 여러분에게 요구한 것은 무엇이었습니까? 여러분은 어떤 반응을 보였으며, 그 당시 느낌은 어땠습니까?

● 공격적인 지배자는 다른 사람들을 변화시키려고 애씁니다. 그들은 다른 사람들을 있는 그대로 받아들여야 하는 자신의 책임을 무시해 버립니다. 여러분은 언제 이 같은 잘못을 저질렀습니까?

● 여러분은 언제 공격적인 지배자가 여러분을 있는 그대로 받아들이지 못한다고 여겼습니까? 그리고, 그 상황을 어떻게 처리했습니까?

●
울타리란 무엇일까요?

교묘하게 속이는 지배자들은 공격적인 지배자들보다 덜 정직한 사람들입니다. 교묘하게 속이는 사람들은 남들을 구슬려서 울타리 밖으로 나오도록 유도합니다. 그들은 남들을 설득하여 '예'라고 말하도록 만듭니다. 그들은 죄책감 메시지를 이용하고, 상황을 조종하며, 다른 사람이 자기 짐을 대신 지고 가도록 부추깁니다(91-92쪽).

● 여러분은 언제 남을 교묘하게 조종하는 지배자와 대결해 보았습니까? 그들은 여러분의 '아니오'를 '예'로 바꾸기 위하여 무슨 짓을 했습니까?

● 교묘하게 속이는 사람들은 다른 사람을 지배하고픈 자신의 욕망을 부인합니다. 그들은 자신의 자기-중심성을 가볍게 무시해 버리며, 자기의 잘못을 결코 인정하지 않습니다(잠언 30장 20절). 앞의 상황에서 여러분이 찾아볼 수 있었던 요소는 무엇입니까?

● 여러분 자신이 남을 교묘하게 속이는 지배자였던 것은 언제입니까? 그 당시 왜 그런 접근을 시도했었나요?

순종적인 사람과 회피하는 사람 둘 다 지배적인 사람일 수도 있습니다.

울타리 이해

자신이 베푼 사랑이 되돌아오기를 바라면서 친구에게 호의를 베푸는 것 역시 지배적인 행위에 속합니다(91쪽).

● 여러분은 언제 그대로 되돌려받기를 바라면서 사랑을 베풀었습니까? 원하던 사랑을 받기는 받았습니까?

● 호의를 받긴 받았으나 다음 순간 자신이 거기에 써 붙여진 가격표대로 값을 치르지 않음으로써 다른 사람의 감정을 상하게 만들었다는 사실을 깨닫게 된 것은 언제입니까?

　사실, 지배자들은 다른 사람에게 엄청난 손상을 입힙니다. 하지만 그들 역시 울타리 문제를 지니고 있는 것은 마찬가지입니다. 훈련을 받지 못한 지배자들에게는 만족을 늦출 수 있는 능력이 거의 없습니다. 그들이 다른 사람으로부터 ‘아니오’라는 말을 듣기 싫어하는 것은 바로 이것 때문입니다. 지배적인 사람들은 또한 자기 삶을 소유하는 데 대한 책임을 질 수 있는 능력도 부족합니다: 그들은 이제껏 남을 위협하는 쪽이나 정직하지 않은 방법에 의존해 왔기 때문에 결코 이 세상에서 자기 자신이 맡고 있는 역할을 다해 낼 수가 없습니다. 마지막으로, 지배적인 사람들은 고립되어 있는 사람들입니다. 그들 곁에 남아 있는 사람들은 단지 두려움이나 죄책감, 또는 의존성 때문에 머물러 있는 것일 뿐입니다. 만일 그들까지 정직하게 행동한다면 지배자들은 거의 사랑받는다는 느낌을 가질 수 없을 것입니다. 지배적

울타리란 무엇일까요?

인 사람들은 결코 다른 사람에게 폭력을 휘두르거나 죄책감을 느끼도록 조
장함으로써 그 사람에게서 사랑을 받을 수가 없습니다(92-93쪽). 지배자들
은 뼈저리게 고립감을 느끼고 있습니다.

● 만일 여러분 자신이 위의 지배자 묘사에 해당된다면, 위에 열거된
  울타리 문제들 가운데 어떤 문제를 지니고 있습니까?

● 이 같은 울타리 문제 묘사는 여러분이 지배자들에 대하여 좀더 동정
  심을 갖도록 만들어 줄 것입니다. 하지만, 여러분의 울타리를 전혀
  존중해 주지 않는 사람들로부터 자신의 울타리를 보호하려면 어떻게
  해야 할까요?

무반응 : 다른 사람의 필요에 귀기울이지 않는 것

'반응이 없는' 사람들은 사랑의 의무에 관심을 기울이지 않습니다. 우리
는 어느 정도의 한계 안에서, 하나님이 우리 삶 속에 보내 주신 사람들을 돌
보고 도와 줘야 할 책임이 있습니다(잠언 3장 27절 ; 로마서 12장 18절). 물
론 다른 사람의 감정과 태도, 행동에 대한 책임은 지지 말아야 하지만, 그래
도 서로에 대하여 어느 정도의 책임은 져야 합니다. 무반응의 문제가 그저
무신경의 문제에 머무르지 않는 것도 바로 이것 때문입니다(94쪽).

● 여러분이 반응이 없는 사람이 되어 다른 사람에 대한 책임을 수행해

내지 못한 것은 언제입니까?

반응이 없는 사람들은 대개 두 부류로 나누어집니다. 다른 사람의 요구에 대하여 비판적인 영혼을 지닌 사람들은 스스로가 불완전한 것을 혐오하는 사람들입니다. 그래서, 결과적으로 이들은 다른 사람의 요구까지 무시하게 되는 것입니다. 한편, 자기 자신의 욕구와 필요에 너무 몰두한 나머지 다른 사람의 욕구와 필요는 무시해 버리는 사람들은, 자기 중심적인 유형에 속하는 사람들입니다(95쪽).

● 여러분이 반응이 없는 사람 축에 낀다면, 위의 두 부류 가운데에 어느 쪽에 속할까요? 왜 그렇다고 생각하나요?

● 언제 반응이 없는 사람과 대면해 보았습니까? 여러분이 원했던 반응은 무엇이었으며, 실제로 상대방에게서 얻은 반응은 어떤 것이었습니까?

● 반응이 없는 사람은 비판적이거나 자신에게만 몰두하는 사람이라고 생각합니까? 왜 그렇게 생각하게 되었습니까?

울타리란 무엇일까요?

이렇게 반응이 없는 사람의 이기적인 자기—몰두와, 다른 사람을 사랑할 수 있도록 먼저 자기 자신의 필요를 채우라고 하나님께서 주신 책임감은 결코 혼동해서는 안 됩니다(빌립보서 2장 4절 ; 95쪽).

● 하나님께서는 우리가 자신을 궁지에 빠뜨리는 일없이 다른 사람을 도울 수 있도록 먼저 우리 자신을 보호하기를 원하십니다. 여러분은 자기 자신을 보호하는 일에 얼마나 익숙해져 있습니까?

● 여러분 자신을 돌보는 것이나 또는 여러분 자신을 돌보지 않는 것이, 다른 사람들을 도울 수 있는 여러분의 능력과 의지에 어떤 식으로 영향을 미치고 있습니까?

교재 97쪽으로 돌아가서, '울타리 문제 요약'을 한번 들여다보십시오. 이 표는 여러분이 지금 싸우고 있을 문제들이 어떤 유형에 속한 것인가를 한눈에 알아볼 수 있도록 도와 줄 것입니다. 그리고, 이 책의 나머지 부분은 여러분이 이 문제들을 잘 해결할 수 있도록 도와 주기 위한 것입니다.

● 여러분은 스스로가 어디에 속한다고 보십니까?

울타리 이해

●여러분이 현재 투쟁하고 있는 대상은 어느 범주에 속합니까?

기능적인 울타리 쟁점들과 관계적인 울타리 쟁점들

마지막의 울타리 문제는 기능적인 울타리와 관계적인 울타리의 구별에 연루된 문제입니다. '기능적인 울타리'라 함은 임무나 계획이나 일을 완수할 수 있는 개인의 능력을 말합니다. 기능적인 울타리는 실행 · 훈련 · 창의력, 그리고 계획과 관련이 있습니다. 한편, '관계적인 울타리'라 함은 우리가 관계를 맺고 있는 사람들에게 진실을 말할 수 있는 능력을 가리킵니다(97-98쪽).

●여러분의 기능적인 울타리는 얼마나 분명하며 또 얼마나 굳건한가요?

●여러분은 자신의 임무를 얼마나 유능하게 처리하고 있습니까?

●여러분은 예수님의 친구 마르다처럼, 적합하지 않은 시간에 적합하지 않은 일을 하는 편입니까(누가복음 10장 42절)?

●
울타리란 무엇일까요?

●여러분은 기능적인 울타리에 관한 자신의 투쟁이나 성공이 무엇의
 공로라고 생각합니까?

●여러분의 관계적인 울타리는 얼마나 잘 세워져 있습니까?

 ●여러분은 친구들과 정직한 대화를 나눌 수 있을 정도로 관계적으
  로 편안한 시간을 갖고 있습니까?

 ●여러분은 관계적인 울타리에 관한 자신의 투쟁이나 성공이 무엇의
  공로라고 생각합니까?

●여러분의 경우, 기능적인 울타리는 훌륭한데 관계적인 울타리는 빈
 약합니까? 아니면, 관계적인 울타리는 훌륭한데 기능적인 울타리가
 빈약한가요? 그렇게 울타리가 튼튼하거나 약한 이유는 어디에 있다
 고 생각합니까?

지금까지 우리는 울타리 문제의 주요 유형들을 살펴보았습니다. 이제, 여

러분은 자신이 왜 투쟁하고 있는가를 분명히 깨닫게 되었을 것입니다. 여러분이 깨달은 바를 주님과 나누어 보세요.

하나님, 저는 이제 깨달았습니다. 저는……

● **순종적인 사람입니다.** 주님, '아니오'라고 말할 수 있는 방법을 제게 가르쳐 주십시오. 저의 영적·정서적 '전파 탐지기'를 고쳐 주십시오. 그리고, 제가 '아니오'라는 말을 하려고 할 때마다 입이 붙어 버리는 이유를 극복할 수 있게 도와 주시고, 지나치게 엄격한 저의 양심도 성숙해지도록 도와 주십시오. 다음 번에 또 누군가가 부가적인 책임을 맡기려 할 때에는, 주님께서 저를 인도하여 주십시오. 만일 제가 '예'라고 말한다면, 그것은 두려움 때문이 아니라 순전히 하나님의 부르심에 응답하기 위한 것이 되게 하십시오.

● **회피하는 사람입니다.** 주님, 제가 다른 사람들을——그리고 하나님을——제 삶 속으로 받아들일 수 있게 도와 주십시오. 제 울타리가 담장이 아니라 벽에 가까운 곳이 어디인지, 문을 달아야 할 곳이 어디인지, 그리고 새로이 울타리를 세워야 할 곳이 어디인지를 제게 가르쳐 주십시오. 제 필요에 대한 그릇된 시각을 하나님의 진리, 곧 우리 인간에게는 필요한 것이 있기 마련이라는 것과, 우리에게는 서로가 필요하고 또 하나님이 필요하다는 진리로 바꿔 주십시오.

● **지배적인 사람입니다.** 주님, 다른 사람들의 울타리를 존중하지 않은 것과, 다른 사람들을 있는 그대로 받아들이지 않은 것을 용

울타리란 무엇일까요?

서해 주십시오. 제가 호전적이고 가학적이었던 부분과 남을 교묘하게 속였던 부분을 용서해 주시고, 상처를 입힌 사람들에게 사과할 수 있는 용기를 주십시오. 그리고 하나님, 저를 치유해 주십시오. 하나님은 이 지배적인 행동들로 인해 제가 겪은 상처와 두려움을 다 알고 계십니다. 하나님은 또 제가 느끼고 있는 이 고립감도 모두 아십니다. 부디 저를 도와 주십시오, 하나님!

● **반응이 없는 사람입니다.** 주님, 저의 무감각과 비판적인 본성과 자기-몰두를 용서해 주십시오. 하나님, 하나님이 제게 큰 은혜로 베풀어 주신 그 사랑을 제가 삶 속에서 사람들에게 전파할 수 있도록, 사랑의 책임을 제게 가르쳐 주십시오.

하나님, 하나님은 제가 지금 겪고 있는 '행동'(기능적인) 울타리 문제와 '존재'(관계적인) 울타리 문제들도 모두 다 알고 계십니다. 프로젝트와 임무를 완성하는 데 꼭 필요한 훈련 · 창의 · 계획의 기술을 가르쳐 주십시오. 그리고, 관계를 맺고 있는 사람들과 사랑 가운데 진실을 말할 수 있는 능력을 부어 주십시오.

하나님, 이제 저는 많은 것들을 깨달았습니다. 제게 이런 기회를 주시니, 정말 감사합니다. 평생토록 저와 함께 해주십시오. 예수님 이름으로 기도합니다. 아멘.

울타리 발달

지금까지 우리는 울타리 문제에 관하여 살펴보았습니다. 이제는, 어떻게 하면 튼튼하고 굳건한 울타리를 발달시킬 수 있는지에 관하여 생각해 보기로 하겠습니다. 왜 어떤 사람들은 자연스런 울타리를 지니고 있는 반면, 또 어떤 사람들은 전혀 울타리를 가지고 있지 않은 걸까요? 제4장, '울타리를 발달시키는 방법'은 우리의 울타리가 다름 아니라 우리가 성장해 온 가정 환경과 큰 연관이 있다는 사실을 잘 보여 주고 있습니다(99-101쪽).

● 사무실에서는 '시키면 뭐든지 척척 다 해내는 불도저'(Mr. Can Do)로, 그리고 집에서는 '무늬만 아빠요 남편이지, 있는지 없는지 모를 유령'(The Phantom)로 불렸던 짐에 관한 이야기를 여러분은 기억하고 있습니까? 그 부분을 다시 한번 읽어 보십시오(99-101쪽). 여러분은 어떤 면에서 짐과 비슷한 점이 있나요?

짐의 문제는 결혼과 함께 시작된 것이 결코 아니었습니다. 그의 문제는 아주 어린 시절의 주요 관계에서부터 시작된 것으로서, 이미 그의 성격 구조의 일부가 되어 있었습니다. 여러분은 이 장의 나머지 부분을 연구하는 동안, 자신의 울타리가 어디서부터 무너지기 시작했는지, 또는 어디서부터 단단히 굳어지기 시작했는지 ── 그리고 어떻게 하면 그 울타리를 고칠 수 있는지 ── 어느 정도 알 수 있게 될 것입니다(99-101쪽).

울타리는 결코 유전되는 것이 아닙니다. 울타리는 세워지는 것입니다. 하나님께서 우리에게 바라시는 대로 우리가 진실만을 이야기하는 사람, 책임

울타리란 무엇일까요?

감이 강한 사람, 자유로운 사람, 그리고 사랑을 베푸는 사람이 되기 위해서는 반드시 우리의 성격이 형성되는 시기인 아동기에 경계를 정하는 법을 배워야 합니다. 좋은 부모라면 자녀가 그 목표에 이를 수 있도록 도와주어야 할 것입니다(101-102쪽).

● 잠언 22장 6절은 부모들에게 어떤 가르침을 주고 있습니까?

● 이 구절은 어떤 의미를 담고 있습니까──그리고 이 구절은 대체로 어떤 오해를 받고 있습니까?

성경은 우리에게 단계별로 삶을 통과해 가라고 가르칩니다. 그리고, 각 단계마다 완수해야 할 임무가 따로 주어집니다(102쪽).

● 요한1서 2장 12-13절은 이 발달 단계들에 관하여 뭐라고 말하고 있습니까?

긴밀한 유대 : 울타리 형성의 토대

우리에게 가장 절실히 필요한 것은 소속되는 것, 관계를 맺는 것, 그리고 영적이고 정서적인 '집'을 갖는 것입니다. 하나님의 본성은 바로 관계를 맺는 것입니다. 사도 요한은, '하나님은 사랑'이시라고 기록합니다(요한1서 4장 16절). 그리고, 사랑은 곧 관계를 의미합니다 —— 한 사람이 다른 사람과 돌봄의 관계, 책임의 관계를 맺게 되는 것이 곧 사랑인 것입니다(104쪽).

● 웬디의 투쟁(103-104쪽)이 보여 주는 것은, 하나님과의 후원 관계, 그리고 그에 못지 않게 중요한 다른 사람과의 후원 관계 없이는 절대로 울타리를 세우거나 발달시킬 수 없다고 하는 사실입니다. 여러분은 언제 이 사실을 깨달았습니까?

● 창세기 2장 18절에서, 하나님은 인간을 어떻게 보고 계십니까?

우리는 관계를 맺기 위하여 지음받은 몸입니다. 애착은 곧 영혼의 실존을 위한 토대입니다. 이 토대가 갈라지거나 흠집이 생기게 되면 울타리 역시 발달시킬 수가 없게 됩니다. 왜 그럴까요? 우리에게 관계가 결여되어 있을 경우, 갈등에 휩싸인 채 찾아갈 만한 곳이 아무 데도 없기 때문입니다. 사랑받고 있다는 확신이 서지 않을 경우, 우리는 다음의 두 가지 가운데 하나를 선택할 수밖에 없게 됩니다 —— 경계를 정하고 관계를 상실할 수도 있는 위험에 처하게 되거나, 또는 경계를 정하지 않고 여전히 다른 사람의 바람들

울타리란 무엇일까요?

을 들어 주는 노예로 남을 수도 있습니다(104쪽).

● 과거나 현재의 삶 가운데, 첫번째 선택을 떠올리게 만드는 장면은
  무엇입니까?

● 과거나 현재의 삶 가운데, 두 번째 선택을 떠올리게 만드는 장면은
  무엇입니까?

　유아는 성공적으로 첫 발달 임무 —— 엄마 아빠와 긴밀한 유대감을 형성
하는 것 ——를 완수해 낼때, 자기가 사랑을 받고 있다는 사실을 확인함으
로써 안전감을 얻게 됩니다. 나아가 유아는 엄마가 곁에 없을 때라도 내적
인 소속감과 안전감을 발달시키게 됩니다. 아이들은 기초적인 관계 속에서
안전함과 편안함을 느낄 수 있을 때, 비로소 울타리 발달로 인한 분리와 갈
등을 이겨낼 만한 튼튼한 토대를 마련할 수가 있습니다. 우리를 위한 하나
님의 계획은, 우리가 홀로 있을 때라도 고립감을 느끼지 않고 오히려 하나
님과 사람으로부터 충분한 사랑을 받게 하려는 것입니다(105-107쪽).

● 에베소서 3장 17절과 골로새서 2장 7절은 이런 식의 정서적 대상
  항구성에 관하여 뭐라고 말하고 있습니까?

●부모의 사랑과 관련된 이 내적 안전감은 하나님과의 관계 발달에 어
떤 영향을 미칠까요?

●여러분의 유아기와 현재의 울타리 투쟁에 관하여 알아보고, 자신이
긴밀한 유대감 형성이라고 하는 임무를 어느 정도 완수했는지 평가
해 보십시오. 어떤 요소들이 유대감 형성을 방해하였습니까?

분리와 개별화 : 영혼의 건설

아기들은 내면적인 안전감과 애착감을 확보하고 나면 곧바로 두 번째 욕
구를 느끼게 됩니다. 분리[자기 자신을 어머니와 독립된 존재로 인식하는
것, '남'(not-me) 경험]와 개별화[정체성을 발달시키는 것, '나'(me) 경
험]에 대한 욕구가 생겨나기 시작하는 것입니다(108쪽).

●누가복음 2장 41-49절에 묘사된 어리신 예수를 들여다보십시오.

●여기에서 찾아볼 수 있는 분리의 증거는 무엇입니까?

●

● 개별화의 증거는 무엇입니까?

　예수님의 어린 시절에 관하여 유일하게 기록하고 있는 이 장면에서, 우리는 자신이 어떤 존재이며 또 어떤 존재가 아닌가를 잘 알고 있는 한 어린이를 만나게 됩니다. 예수님은 자기 마을 사람들로부터 분리되어, 개별적인 가치와 생각과 견해를 지니고 있었습니다. 이 같은 분리-개별화 과정과 아동기의 튼튼한 울타리 발달에 중요한 세 단계는 부화기·실습기·재접근기입니다(108-109쪽).

● 분리와 개별화의 세 단계가 각각 어떻게 진행되는지를 간단히 요약해 보십시오 :

　● 부화기 :

　● 실습기 :

　● 재접근기 :

● 분리와 개별화의 세가지 단계들을 살펴본 다음, 여러분이 ── 그리고 여러분의 부모가 ── 다음 시기에 얼마나 잘 발달시켰는가를 평가해 보십시오 :

　● 생후 3년 동안 :

　● 아동기 :

　● 청소년기 :

울타리 손상 : 무엇이 잘못되었을까요?

　울타리 문제는 수천 번의 다양한 만남에서 비롯될 뿐만 아니라, 우리 자신의 본성과 성격에서 비롯되기도 합니다(120쪽).

● 여러분이 성장한 가정에서는 울타리에 대하여 어떤 태도를 취했나 요?

●

지금부터 여러분의 울타리가 손상되어온 몇 가지 방법을 살펴보기로 하겠습니다.

울타리로부터의 철회

좋은 관계와 성숙한 성격은 적절하게 '아니오'라는 말을 사용하고 받아들일 줄 알 때 비로소 가능한 것입니다. 발달기에 있는 아동은 자기 울타리가 존중받을 것이라는 점을 알아야 합니다. 자신의 거부나 실습이나 실험 때문에 사랑이 멀어지는 일은 결코 없으리라는 사실을 배우는 것이 그들에게는 무척 중요합니다(120-124쪽).

● 여러분의 울타리로부터 물러선 사람이 있다면 누구입니까?

● 여러분이 다른 사람들의 울타리로부터 물러선 적이 있다면 언제입니까?

● 잠언 27장 17절은 우리가 싫어하는 울타리를 어떤 사람이 세울 경우, 그 울타리로부터 물러서지 않는 일의 중요성에 관하여 뭐라고 말하고 있습니까?

울타리에 대한 적개심

부모가 자녀의 반대나 불순종·실습 등을 순전히 적개심만 가지고 대한다면, 자녀는 만족 늦추기와 책임 완수의 유익함을 배우지 못하고 말 것입니다. 오히려, 어떻게 하면 다른 사람의 분노를 면할 수 있을까에 대해서만 배우게 되겠지요(124-127쪽).

● 여러분의 울타리를 적개심을 가지고 대한 사람이 있다면 누구입니까?

● 여러분이 다른 사람들의 울타리를 적개심을 가지고 대한 적이 있다면 언제입니까?

● 적개심은 하나님의 훈육, 학습 프로그램을 어설프게 모방한 것입니다. 히브리서 12장 10-11절은 훈육의 중요성과 장기적인 효과에 관하여 뭐라고 말하고 있습니까?

울타리란 무엇일까요?

지나친 통제

  사랑을 베푼다고 하면서 부모가 너무 엄격한 규칙과 경계로 아이의 실수를 방지할 경우에는 지나친 억제 현상이 빚어집니다(127-128쪽).

● 여러분의 부모는 어떤 문제에 대하여 여러분을 지나치게 억제하였습니까?

● 여러분이 지금 부모의 자리에 서 있다면, 어떤 문제에 대하여 자녀를 지나치게 억제하고 있습니까?

● 부모는 자녀에게 실수를 저지를 수 있는 여유를 마련해 주어야 합니다. 히브리서 5장 14절은 실수 때문에 얻어지는 학습과 발달에 관하여 뭐라고 말하고 있습니까?

경계 결핍

  부모의 울타리 결핍은 적개심과 정반대 되는 경우입니다. 하지만, 그것으로 인한 손상은 똑같이 심각합니다(128-130쪽).

●
울타리 이해

● 여러분의 삶에서 경계가 너무 부족한 영역은 어디입니까?

● 여러분이 지금 부모의 자리에 서 있다면, 자녀에게 경계를 정하지
못하고 있는 부분이 있습니까? 어느 영역입니까?

● 마태복음 25장 14-30절의 경고에 따르면, 훈련이 없이 부주의하게
살고 있는 사람을 기다리고 있는 것은 무엇입니까?

모순된 경계

때로 어떤 부모들은 자녀 양육으로 인한 혼란이나 자기 자신의 상처 때문
에 엄격한 경계와 느슨한 경계를 동시에 지니고 있음으로써, 자녀에게 일치
되지 않은 메시지를 전달하기도 합니다(130-131쪽).

● 여러분에게 모순된 경계를 제공해 준 사람은 누구입니까?

● 만일 여러분이 부모의 자리에 서 있다면, 엄격한 경계와 느슨한 경

●
울타리란 무엇일까요?

계를 동시에 지니고 있는 부분은 어디입니까?

● 야고보서 1장 6절에서, 모순된 경계로 양육된 아동의 경험을 묘사
하는 데 사용되었을 법한 표현은 무엇인가요?

정신적 외상

특수한 정신적 외상 —— 정서적·육체적·성적 학대, 사고나 사람 몸을
쇠약하게 만드는 질병, 죽음이나 이혼 같은 심각한 상실, 그리고 그 밖의 아
주 고통스러운 경험들 —— 은 울타리 발달을 저해할 수 있습니다(131-133
쪽).

● 여러분의 울타리에 영향을 미쳤을 수도 있는 정신적 외상이 있다면
무엇입니까?

● 만일 여러분이 부모의 자리에 서 있다면, 여러분의 온갖 노력에도
불구하고 자녀가 경험했을 정신적 외상은 무엇입니까?

울타리 이해

● 이사야 61장 1절에서, 정신적 외상을 경험한 사람들에게 하나님이
  주시는 희망의 말씀은 무엇입니까?

우리 자신의 성격 특성

우리는 우리 자신의 개인적인 성격 유형 때문에 울타리 문제에 공헌할 수
도 있습니다(134쪽).

● 여러분의 울타리에 영향을 미치고 있는 성격 특성은 어떤 것입니까?
  예를 들어서, 여러분은 적극적으로 대면을 하는 편인가요, 아니면
  조용히 명상을 하는 편인가요? 여러분은 소심하거나 연약한 편입니
  까(데살로니가전서 5장 14절)?

● 만일 여러분이 부모의 자리에 서 있다면, 여러분의 자녀가 삶을 어
  떻게 헤쳐 나가고 또 울타리 문제를 어떻게 해결해 나갈 것인지를
  암시해 줄만한 성격 특성은 무엇입니까?

우리 자신의 죄성

또한 우리는 우리 자신의 악행 때문에 울타리 발달 문제에 기여할 수도

있습니다(134쪽).

● 로마서 3장 23절과 8장 2절은 우리의 죄성에 관하여 뭐라고 가르치고 있습니까?

● 여러분의 죄성——예를 들면, 하나님께 복종하기를 거부한다든가, 겸손해지기를 거부하는 것——은 여러분의 울타리 문제에 어떤 식으로 기여하였습니까?

이제 여러분은 울타리 문제와 울타리 발달에 관하여 확실하게 이해할 수 있게 되었을 것입니다. 다음 과에서는, 울타리를 우리 삶에서 작동시키는 방법과 우리의 온 생애에 걸쳐서 울타리를 발달시킬 수 있는 방법에 관하여 성경이 어떻게 말하고 있는지를 들여다보기로 하겠습니다.

기도

하늘에 계신 아버지, 제 울타리가 처해 있는 상황을 돌이켜 볼 때에 제 과거를 밝히 비추어 주십시오. 제가 중요한 관계들과 제 울타리 투

울타리 이해

쟁에 기여해 온 요인들을 분명히 볼 수 있게 도와 주십시오. 과거를 통하여 저를 가르쳐 주십시오. 제가 분노와 상처와 슬픔에 직면해서도 줄곧 괴로워하지 않아도 될 수 정도로 안전한 관계를 찾을 수 있게 도와 주십시오. 또한 하나님의 시간에, 용서가 필요한 곳에 용서를 펼쳐 나갈 수 있게 하십시오. (부모의 선 자리에서) 주님, 자녀를 양육할 때 하나님께서 지혜를 주시고 인도해 주시기를 바랍니다. 하나님, 제 아이들을 지켜 주시고, 지금껏 안고 있는 상처들을 치유해 주십시오. 건전한 울타리로 나아가는 길을——하나님이 제게 맡기신 아이들을 위해서뿐만 아니라 제 자신의 성장을 위해서도——보여 주십시오. 예수님의 이름으로 기도합니다. 아멘.

울타리란 무엇일까요?

3

울타리의 열 가지 법칙

제5장 앞부분에 묘사된 외계인처럼, 역기능 가정에서 양육된 사람, 또는 하나님의 울타리 법칙을 준행하지 않는 가족에게서 양육된 사람은 성인이 되어서까지도 길을 잃고 헤매는 자신, 혼란스러운 자신, 그리고 쉽사리 상처 입은 자신을 발견하게 됩니다. 그들은 관계와 개인적 행복을 좌우하는 영적인 원칙들에 관하여 전혀 알지 못합니다. 그들은 이 원칙들 —— 하나님께서 하나님이 지으신 세상에 짜 넣어 주신 영적인 실재들 —— 에 관하여 한번도 들어 본 적이 없으며, 따라서 자신의 무지 속에 갇혀 살고 있습니다. 우리는 이 원칙들을 알고 있어야 하며, 또 이 원칙들에 맞추어서 살아 나가야 합니다. 이 과에서 우리는, 일단 알고 나면 여러분에게 전혀 다른 삶을 경험하게 해줄 울타리의 열 가지 법칙을 살펴보게 될 것입니다(135-137쪽).

법칙 1 : 뿌림과 거둠의 법칙

인과 법칙은 삶의 기본적인 법칙입니다. 성경은 그것을 뿌림과 거둠의 법칙이라 부르고 있습니다. 심은 대로 거두리라고 하신 하나님의 말씀은 우리를 처벌하시겠다는 것이 아닙니다. 하나님께서는 그저 사태가 어찌될 것인가를 우리에게 말해 주십니다(137쪽).

●갈라디아서 6장 7-8절에서 바울은 뿌림과 거둠에 관하여 뭐라고 가르치고 있습니까?

●여러분은 '[여러분의] 육체를 위하여' 무엇을 심었습니까(과식·꾸밈·과소비·이기심, 하나님의 명령 무시 등), 그리고 그 결과 무엇을 거뒀습니까?

●여러분의 삶 속에 뿌리고 있는 긍정적인 씨앗(적당량의 섭취, 규칙적인 운동, 현명한 예산 작성 등)은 무엇이며, 그 결과 거두고 있는 것은 무엇입니까?

그렇지만, 더러는 뿌린 대로 거두지 않는 사람들도 있습니다. 다른 누군가가 간섭하여 그들 대신 결과를 거두기 때문입니다. 뿌림과 거둠의 법칙은 방해를 받을 수 있습니다. 그리고 그렇게 방해를 하는 사람은 대개 울타리가 전혀 없는 사람일 가능성이 큽니다. 울타리는 씨를 뿌린 장본인이 거두는 일도 직접 할 수 있도록 만들어 줍니다(138쪽).

● 누군가가 간섭하여 여러분 대신 행동의 결과를 거둔 것은 언제입니까?

● 여러분 자신이 구제자가 된 것은 언제입니까? 왜 간섭을 하였나요?

계속해서 남을 구제해 주는 사람, 이런 사람을 가리켜 우리는 오늘 관계 중독에 빠져 있는 사람이라고 부릅니다. 그런 사람은 종종 무책임한 사람과 대면을 벌이려 하기도 합니다(138쪽).

● 자신이 무책임한 행동의 결과로부터 구제해 주었던 사람과 대면을 벌이려 한 것은 언제입니까? 그 대면의 결과는 어땠습니까?

● 여러분의 구제자가 여러분의 행동 때문에 대면을 벌인 것은 언제입니까? 그 논쟁의 결과, 여러분은 어떻게 변화되었습니까?

울타리의 열 가지 법칙

　앞의 두 가지 질문에 대한 여러분의 답변에서 이미 드러났겠지만, 무책임한 사람과 대면하는 것은 그 사람에게 전혀 고통을 주지 못합니다; 오직 결과만이 고통을 안겨 줄 수 있는 것입니다. 사실, 성경은 어리석은 사람과 대면하는 것이 전혀 무가치한 일이라고 우리에게 가르치고 있습니다(잠언 9장 8절). 그리고, 파괴적인 양식에 사로잡혀 있는 사람들이 대체로 현명하기보다는 어리석은 게 사실입니다(138-140쪽).

● 결과가 어떤 사람의 삶에서 중요한 변화를 일으키는 것을 목격한 것은 언제입니까?

● 여러분의 행동 때문에 빚어진 결과가 여러분의 삶에 변화를 가져다 준 것은 언제입니까?

　관계 중독에 빠져 있는 사람들은 무책임한 사람들과 대면을 한다 할지라도, 도리어 자신이 모욕과 고통을 당하게 됩니다. 사실, 그들에게 정말로 필요한 것은 누군가의 삶에 끼어 들어 뿌림과 거둠의 법칙을 방해하는 행동을 그만두는 일이지요(138-140쪽).

● 여러분이 어떤 사람의 삶에 끼어들어 뿌림과 거둠의 법칙을 방해하는 일을 그만두어야 할 곳은 어디입니까?

울타리란 무엇일까요?

법칙 2 : 책임의 법칙

사람들은 울타리나 자기 자신의 삶에 대한 책임을 지는 일에 관하여 들을 때마다 번번이 이런 식으로 말합니다. "그건 너무 자기 중심적인 것 같은데요. 우린 서로 사랑하고 자기를 부인해야 하는 거잖아요?" 아니면, 아예 이기적이고 자기 중심적인 사람이 되어 버리는 수도 있고, 또 누군가의 부탁을 들어 줄 때마다 '죄책감'을 느끼게 되는 수도 있습니다(140-141쪽).

● 이렇게 비성서적인 책임 이해가 울타리 개념에 대한 여러분의 첫반응에 어떤 영향을 미쳤을까요?

책임의 법칙에는 다른 사람을 사랑하는 일도 포함됩니다. 사실, 그리스도인들에게서 사랑하라는 명령은 완전한 법칙입니다(갈라디아서 5장 13-14절). 여러분이 다른 사람을 사랑하지 않는다면 그것은 곧 여러분의 책임을 완수하지 못한 것과도 같습니다 ; 다시 말해서, 여러분의 마음을 책임지지 못한 것이나 마찬가지입니다(140쪽).

● 요한복음 15장 12절에서 예수님은 뭐라고 가르치고 계십니까?

책임의 울타리가 혼란스러워지면 여러 가지 문제가 발생하게 됩니다. 우리는 서로를 대신할 것이 아니라 서로 사랑해야 합니다. 예를 들면, 우리는 서로를 대신하여 성장할 수 없습니다(140쪽).

● 빌립보서 2장 12-13절에서 찾아 볼 수 있는, 개인적 성장에 관한 성서적 명령은 무엇입니까?

● 여러분은 자신의 개인적 · 영성적 성장을 책임지기 위하여 어떤 일을 하고 있습니까?

● 여러분이 다른 사람의 개인적 · 영성적 성장을 책임지기 위하여 노력하고 있는 부분은 어디입니까?

성경은 또한 우리가 대접받고 싶은 대로 남에게 대접하라고 말합니다(마 태복음 7장 12절 ; 141쪽).

● 우리 울타리는 어떻게 우리가 이 가르침에 응답하도록 만들 수 있을까요?

●
울타리란 무엇일까요?

● 마태복음 7장 12절에 비추어 볼 때, 우리는 울타리가 불분명한 사
  람들에게 어떤 식으로 반응해야 할까요?

　어떤 사람에 대해(to) 책임을 지는 일의 또 다른 측면은, 그 사람의 파괴
적이고 무책임한 행동에 경계를 정하는 것입니다. 어떤 사람을 죄의 결과로
부터 구제해 줄 경우, 여러분은 다시금 그 사람을 구제해 주어야 합니다(잠
언 19장 19절). 성경은 처음부터 끝까지 한 가지 일을 강력하게 강조하고
있는데, 그것은 곧 필요한 사람들에게는 베풀어 주되 죄에 대해서는 경계를
정하라는 것입니다(잠언 23장 13절). 울타리는 여러분이 그 일을 해낼 수
있도록 도와줄 수 있습니다(141쪽).

● 실생활에서 이것이 사실로 판명된 것은 언제입니까?

● 경계가 없는 행동 때문에 여러분이 상처를 입었거나 또는 다른 사람
  에게 상처를 입힌 것은 언제입니까?

법칙 3 : 힘의 법칙

● 여러분은 다음과 같은 질문들을 스스로에게 던져 본 적이 있습니까?

울타리의 열 가지 법칙

● 나는 내 행동을 책임질 힘이 없는가?

● 만일 그렇다면, 어떻게 해야 책임감 있는 사람이 될 수 있을까?

● 나는 어떤 일을 할 수 있는 힘을 지니고 있는가?

  힘의 법칙을 이해하게 되면, 앞의 질문들에 대하여 답할 수 있을 것입니다. 우리는 자신의 중독 상태에 대하여 아무런 통제력도 지니고 있지 않습니다(142-144쪽).

● 로마서 7장 15-23절에 기록된 바울의 말을 잘 읽어 보십시오. 여러분이 특별히 공감할 수 있는 구절은 어디입니까?

● 위의 답란에 열거한 구절들이 떠올리게 만드는 특별한 투쟁은 무엇입니까?

  열두 단계 운동과 성경은 사람들에게 자신의 도덕적 결핍을 인정하라고 가르칩니다. 우리 안에서는 죄의 법칙이 작용하고 있습니다. 이 사실을 부인하는 사람은 거짓말을 하고 있는 것입니다(요한1서 1장 8절 ; 87쪽).

  비록 이 죄스러운 유형들을 극복할 만한 힘은 가지고 있지 않다 하더라도, 여러분은 나중에 승리의 열매를 가져다줄 만한 것들을 행할 수 있는 힘은 지니고 있습니다(142-144쪽).

●
울타리란 무엇일까요?

1. 여러분은 자신의 문제를 있는 그대로 인정할 수 있는 힘을 지니고 있습니다(고백).

2. 여러분은 하나님께 자신의 무능력을 공손히 아뢸 수 있는 힘과, 자신의 삶을 하나님께로, 곧 여러분 스스로가 할 수 없는 일 —— 변화를 일으키는 일 —— 을 하실 수 있는 의사에게로 향하게 할 수 있는 힘을 지니고 있습니다(마태복음 5장 3, 6절 ; 야고보서 4장 7-10절 ; 요한1서 1장 9절).

3. 여러분은 자신의 울타리 안에 있는 것들을 점차적으로 밝혀 나가기 위하여 하나님과 사람에게 도움을 청할 수 있는 힘을 지니고 있습니다.

4. 여러분은 자신의 내부에서 발견된 악으로부터 돌아설 수 있는 힘을 지니고 있습니다(회개).

5. 여러분은 자신을 낮추고, 하나님과 사람에게 여러분 자신의 발달 손상과 아동기의 잔존 욕구들에 관하여 도움을 청할 수 있는 힘을 지니고 있습니다.

6. 여러분은 자신이 상처입혔던 사람들을 찾아가, 그 사람들을 고쳐 줄 수 있는 힘을 지니고 있습니다.

7. 여러분은 자신에게 상처를 준 사람들을 용서할 수 있는 힘을 지니고 있습니다.

● 위에 열거된 힘들 가운데, 여러분을 놀라게 한 힘은 무엇입니까? 여러분에게 용기를 불어넣어 준 힘은 무엇입니까? 여러분을 위협한 힘은 무엇입니까?

울타리의 열 가지 법칙

●여러분의 삶 속에서 다시금 행사해야 할 힘은 무엇입니까?

●그 힘들을 행사하기 위하여 여러분은 맨 먼저 어떤 일을 할 생각입니까? 그리고, 누구에게 도움을 청할 생각입니까?

　울타리는 여러분이 지니고 있는 힘들을 명확히 보여 주는 동시에, 여러분이 지니고 있지 않은 힘들 —— 울타리 밖에 있는 모든 것! —— 까지도 분명하게 보여 줍니다. 여러분은 자신의 울타리를 명확히 보여 주는 과정에 복종할 수도 있고, 하나님을 도와 자신을 변화시킬 수도 있습니다. 하지만, 여러분은 아무 것도 변화시킬 수 없습니다 : 날씨도, 과거도, 경제도—특히 다른 사람은 더더욱 변화시킬 수 없습니다(144-145쪽)!

●여러분의 울타리 밖에 있는 근심거리는 무엇입니까?

●여러분은 누구를 변화시키려고 노력해 왔습니까?

●그 사람들을 변화시키려고 애쓰는 대신, 긍정적으로 그들에게 영향

●
울타리란 무엇일까요?

을 미칠 수 있는 방법은 무엇입니까?

● 그리고, 그들의 파괴적인 양식이 더 이상 여러분에게 영향을 미칠 수 없도록 여러분 자신——특히, 그들을 다루는 방법——을 변화시키기 위해서는 무슨 일을 할 수 있을까요?

여러분에게는, 어떤 것이 여러분의 것이고 또 어떤 것이 여러분의 것이 아닌지를 알 수 있는 지혜가 필요합니다. 여러분이 변화시킬 수 있는 것과 변화시킬 수 없는 것을 구별할 수 있도록 지혜를 주시라고 기도해 보세요. 다음과 같이 평온의 기도를 드리십시오 : "하나님, 제가 바꿀 수 없는 것들에 대해서는 인정할 수 있도록 평온을 주시고, 제가 바꿀 수 있는 것들에 대해서는 바꿀 수 있도록 용기를 주시되, 더더욱 제가 바꿀 수 있는 것과 없는 것을 구별할 수 있도록 지혜를 주십시오"(144쪽).

법칙 4 : 존중의 법칙

울타리를 세우고 그 울타리에 맞춰 살아가리라는 생각을 할 때, 우리는 다른 사람이 우리의 울타리를 존중해 주지 않을까봐 두려워하게 됩니다. 우리는 다른 사람에게만 초점을 맞춘 나머지 정작 자신에 관해서는 명확성을 상실해 버리게 됩니다(146쪽).

때로는 우리 쪽에서 다른 사람의 울타리를 판단하려 드는 것도 문제가 됩

울타리의 열 가지 법칙

니다. 성경은 우리가 판단을 할 경우, 반드시 판단을 받게 될 것이라고 말하고 있습니다(마태복음 7장 1-2절). 우리가 다른 사람의 울타리를 판단할 때 우리의 울타리 역시 다른 사람의 판단을 받게 될 것입니다. 만일 우리가 다른 사람의 울타리를 저주한다면 그들 역시 우리의 울타리를 저주하게 될 것입니다(146-147쪽).

● 146쪽에 있는 평가 목록을 다시 한 번 읽어 보십시오. 여러분이 다른 사람들의 울타리에 대하여 갖고 있는 생각——판단——은 어떤 것입니까?

● 다른 사람들의 울타리에 대하여 갖고 있는 이 같은 견해가, 여러분 자신의 울타리를 정하기 어렵게 만드는 까닭은 무엇입니까?

● 여러분이 두려움의 순환 고리에 빠져, 꼭 필요한 곳에도 울타리를 세우지 못하고 있는 대상은 누구입니까? 울타리를 세우는 대신 순종하고 있는 대상은 누구입니까?

그래서 바로 존중의 법칙이 필요한 것입니다(147쪽).

●
울타리란 무엇일까요?

● 마태복음 7장 12절에서 예수님은 뭐라고 가르치고 계십니까?

● 이 가르침이 울타리에 주는 의미는 무엇입니까?

우리 자신의 울타리를 존중해 달라고 요구할 수 있으려면, 우선 우리가
다른 사람의 울타리를 존중해 주어야 합니다. 다른 사람이 우리에게 해주었
으면 좋겠다고 생각하는 대로 우리 또한 다른 사람의 울타리를 존대해 주어
야 합니다(147쪽).

● 여러분이 좀 더 존중해 주어야 할 울타리는 누구의 울타리입니까?

● 예수님의 영 안에서, 그 사람 자신이 될 수 있는 자유, 여러분과 다
  른 존재가 될 수 있는 자유를 베풀어야 할 대상은 누구입니까(고린
  도후서 3장 17절)?

우리가 다른 사람의 자유를 인정해 줄 경우, 다른 사람이 우리에게 울타
리를 쌓는다고 해서 화를 내거나, 죄책감을 느끼거나, 우리의 사랑을 거두

울타리의 열 가지 법칙

어들이거나 하는 일은 없을 것입니다. 다른 사람의 자유를 인정해 줄 때, 우리는 자기 자신에 대해서도 훨씬 더 낫게 느낄 수 있을 것입니다(147-148쪽).

법칙 5 : 동기 유발의 법칙

148-149쪽에 실린 스탠의 이야기를 다시 한 번 읽어보십시오.

● 스탠에게서——스탠의 행동과 생각과 동기 속에서——여러분 자신을 발견한 것은 어느 부분인가요?

● 여러분이 '하고 있는' 많은 일들과 희생은 사랑이 아니라, 순종치 않으면 사랑을 잃게 되리라는 두려움에 기초한 것입니까? 만일 그렇다면, 누군가가 원하는 일을 하지 않을 경우 여러분으로부터 사랑을 거두어 버릴 것이라고 가르쳐 준 경험은 무엇이었습니까?

● 여러분이 '하고 있는' 일들은 다른 사람의 분노에 대한 두려움에 기초한 것입니까? 만일 그렇다면, 여러분이 '아니오'라고 말할 경우 분노의 대결을 겪게 되리라고 가르쳐 준 경험은 무엇이었습니까?

●
울타리란 무엇일까요?

사랑을 잃게 되리라는 두려움, 그리고 사람들이 우리에게 화를 내리라는 두려움 외에도, 우리가 울타리를 세우지 못하도록 방해하는 거짓된 동기들이 더 있습니다(150-151쪽).

● 다음의 거짓된 동기들 가운데, 여러분의 행동을 좌우해 온 동기는 무엇입니까?

  ● 외로움에 대한 두려움
  ● 사랑은 언제나 '예'라고 대답하는 것이라는 생각
  ● '선한' 사람은 언제나 '예'라고 대답한다는 생각
  ● 내면의 죄책감을 극복하고 자신에 대하여 좀더 좋은 느낌을 가져 보려는 노력
  ● 자신이 받은 대로 돌려준다는 생각
  ● 좀처럼 자신을 승인해 주지 않았던 부모를 대신하는 사람들에게서 승인을 얻어내려는 노력
  ● 다른 사람의 상실, 그리고 자신의 '아니오'가 가져다 주었다고 생각되는 슬픔에 대한 지나친 동일시

● 이 같이 그릇된 동기들을 갖도록 도와준 삶의 경험이나 초기의 관계는 무엇입니까?

우리는 자유로운 존재로 지음받았습니다. 그리고 이 자유는 감사와 충만한 마음과 다른 사람에 대한 사랑을 가져다 줍니다. 하나님은 우리에게 서

로 사랑하라고 명하십니다. 그리고 사랑은 우리의 행동을 유발하는 유일하
게 진실한 동기입니다(151쪽).

● 진실로 주는 것이 받는 것보다 복되다는 사실을 경험한 것은 언제입
  니까(사도행전 20장 35절)? 그 상황과 여러분의 느낌을 자세히 적
  어 보세요.

● 다른 사람의 요구에 대하여 '예'라고 응답할 때, 여러분은 대체로 감
  사와 충만한 마음과 다른 사람에 대한 사랑을 경험하는 편입니까?
  만일 그렇지 못하다면, 여러분이 느끼는 감정은 어떤 것들입니까?

　　만일 여러분의 베풂이 기운을 불어넣어 주지 못할 경우에는, 동기 유발의
법칙을 한번 검토해 볼 필요가 있습니다. 동기 유발의 법칙이란 곧 '자유가
우선, 봉사는 나중'이라는 법칙입니다. 만일 여러분이 두려움에서 해방되기
위하여 봉사하고 있다면, 그것은 결국 실패로 끝나고 말 것입니다. 두려움
을 모두 하나님께 맡기세요. 두려움을 없애 버리세요. 그리고 여러분에게
주어진 자유를 지킬 수 있을 만한 튼튼한 울타리를 세우세요(151쪽).

법칙 6 : 평가의 법칙

　　제이슨은 동업자가 잘 수행해 내지 못하고 있는 책임에 관하여 직접 이야

기해 보아야겠다는 전망을 갖게 된 순간, 누군가에게 상처를 입히는 것과 해를 끼치는 것의 차이점을 깨닫게 되었습니다(152-154쪽).

● 누군가에게 상처를 입히는 것과 해를 끼치는 것의 차이점을 설명해 보십시오.

● 어떤 사람이 자신의 울타리를 지킴으로써 여러분에게 상처를 입힌 것은 언제입니까? 그 행위가 여러분에게 해를 끼쳤습니까?

● 제이슨처럼, 누군가를 상처입히게 될까봐 두려워서 무슨 일을 하지 못하고 주저했던 것은 언제입니까? 여러분의 행동이 그 사람에게 해를 끼쳤을까요?

예수님은 '좁은 문'처럼 거친 상황 속으로 자신을 따라 들어오라고 말씀하십니다(마태복음 7장 13-14절). '파멸의 넓은 문'으로 들어가 우리에게 필요한 울타리를 끝끝내 세우지 않고 사는 것은 아주 쉬운 일입니다.

여러분은 울타리 세우기의 영향을 평가해야 하며, 다른 사람에 대해서(to) —— 다른 사람을 위해서(for)가 아니라 —— 책임질 줄 알아야 합니다. 울타리를 세우기로 결심할 때에는, 여러분이 사랑하는 사람에게 고통을

울타리의 열 가지 법칙

안겨 줄 수도 있는 의사 결정과 대결이 필요합니다. 바로 그 때문에 울타리를 세우기로 결심하는 일이 어려운 것입니다(154쪽).

● 여러분에게 울타리를 세우라고 요구하고 있는 현재의 상황은 무엇입니까?

● 만일 여러분이 울타리를 세운다면, 샤랑하는 사람에게 어떤 고통이나 실망을 안겨 주게 될까요?

● 그 고통이 그 사람을 해치게 될까요?

우리는 다른 사람이 좋아하지 않을 선택을 함으로써 그 사람에게 고통을 안겨 줄 수 있습니다. 또한 다른 사람의 옳지 않은 선택에 정직하게 대면을 할 때에도 고통을 안겨 줄 수 있습니다. 하지만, 에베소서 4장 25절의 가르침대로, 우리는 자신이 얼마나 상처입었는지를 상대방에게 정직하게 알려 주어야 합니다. 만일 우리가 자신의 분노를 정직하게 서로 나누지 않는다면, 괴로움과 증오가 우리 안에 가득 차게 될 것입니다. 쇠가 쇠를 날카롭게 만드는 것처럼(잠언 27장 17절), 우리 역시 성장하기 위해서는 서로가 정직한 대면과 진실로 대해야 합니다(154-155쪽).

울타리란 무엇일까요?

● 여러분은 누구의 그릇된 행동에 대면할 수 있었으면 좋겠습니까?

● 기도 시간에 하나님께 요청해 보세요. 여러분의 마음을 정화시켜 주
  시고, 사랑 안에서 그 사람에게 전할 수 있는 말들을 주시라고 말입
  니다. 그리고, 그 생각들을 여기에 적어 보세요.

● 여러분이 한 말 때문에 그 사람이 상처를 입을 경우, 어떤 반응을 보
  이고 싶은가요? 어떤 사람에게 상처를 주는 것이 곧 그 사람을 해치
  는 것은 아니라는 사실을 명심하십시오.

● 여러분은 어떤 사람이 여러분의 그릇된 행동 때문에 진실로 대면을
  해올 경우 어떤 반응을 보이는 편입니까?

● 다음 번에는 어떤 반응을 보이고 싶습니까?

울타리의 열 가지 법칙

성경은, 만일 우리가 현명하다면, 친구의 훈계로부터 교훈을 얻을 수 있을 것이라고 말하고 있습니다(잠언 27장 6절). 친구의 훈계는 상처를 안겨 줄 수 있지만, 결국에는 도움이 될 수 있습니다. 바로 이 때문에 우리는 자신의 대항이 다른 사람에게 안겨 줄 고통을 평가해야 하는 것입니다. 우리는 이 상처가 그 사람에게 얼마나 도움이 될 수 있는가를 알아야 하며, 때로는 이것이야말로 우리가 그 사람과의 관계를 위하여 할 수 있는 최선의 행동이라는 사실도 알아야 합니다(155쪽).

법칙 7 : 순행의 법칙

바울은 여러 통의 서신을 통하여, 물질 세계와 마찬가지로 인간 관계의 영성 분야에 속하는 온갖 행동들에도 역시 똑같은 반응이나 정반대의 반응이 따른다고 지적하고 있습니다(로마서 4장 15절 ; 5장 20절 ; 7장 5절 ; 에베소서 6장 4절 ; 골로새서 3장 21절 ; 155-156쪽).

● 여러 해 동안 순종적인 삶을 살아오다가 갑자기 울분이 폭발하여 울컥하고 대드는 사람을 본 것은 언제입니까? 어쩌면 여러분에게 해당되는 말일 수도 있습니다. 이런 행동——이런 행동의 중요성, 이런 행동에 대한 사람들의 반작용, 이런 행동이 자유에 미치는 효과——에 관한 여러분의 생각을 적어 보십시오.

우리는 궁극적으로 자유를 얻은 사람의 해방을 알려야 합니다 —— 하지만 격노는 미성숙의 증거일 수 있습니다(156쪽).

울타리란 무엇일까요?

● 반작용 단계는 울타리 건설에 꼭 필요한 단계이지만, 그것만으로 충분한 것은 아닙니다. 갈라디아서 5장 13, 15절은 이처럼 반작용 단계에 머무르는 것에 대하여 뭐라고 경고하고 있습니까?

일단 반작용을 한 다음에는, 인류와 다시 결합하고 여러분의 이웃을 여러분 자신처럼 사랑함으로써 동등한 관계를 정립해야 합니다.

순행적인 사람들은 자기가 사랑하는 것, 자기가 원하는 것, 자기가 목적하고 있는 것, 그리고 자기가 찬성하는 것을 여러분에게 알려 줍니다 —— 이들은 자신이 혐오하는 것, 자신이 싫어하는 것, 자신이 반대하는 것, 자신이 하지 않을 것들만 알려 주는 사람들과는 무척 다릅니다(157쪽).

● 여러분은 이 연속체의 어디쯤에 위치해 있습니까? 여러분의 울타리는 아직도 순행(전자)이 아닌 반작용(후자)의 단계에 머물러 있습니까?

● 여러분은 지금 어떤 일에 힘을 쏟고 있습니까—— 고통과 격노를 터뜨리는 일입니까, 아니면 책임과 사랑을 실천하는 일입니까?

궁극적인 힘의 표출은 곧 사랑입니다 : 사랑은 힘을 표출할 수 있는 능력

●
울타리의 열 가지 법칙

이 아니라 힘을 억제할 수 있는 능력입니다. 순행적인 사람들은 '다른 사람을 자기 자신처럼 사랑'할 수 있습니다. 그들은 '자기를 버릴' 수 있으며, '악을 악으로 갚지' 않습니다(157쪽).

● 마태복음 5장 38-40절에 있는 예수님의 말씀을 다시 한번 읽어 보십시오. 여기에서 예수님은 우리에게 어떤 사랑을 보여 주고 계십니까?

● 여러분이 과거의 반작용 단계로부터 벗어나서 순행적인 단계로 넘어가, 사랑의 힘을 발휘해야 할 관계는 어떤 관계입니까? 이것을 여러분의 기도 제목으로 삼으십시오.

영적 성인기는 여러분의 반작용 시기와 감정을 인정하라고 요구합니다. 그런 다음, 여러분은 그 단계로부터 계속 나아가야 합니다. 반작용의 단계는 꼭 필요한 것이지만, 그것도 단지 하나의 단계에 불과할 뿐입니다(148쪽).

법칙 8 : 질투의 법칙

신약성서는 질투심에 대하여 강력하게 제지하고 나섭니다(야고보서 4장 2절). 그런데, 질투심과 울타리가 무슨 상관이 있느냐고요? 질투심은 어쩌면 우리가 지니고 있는 정서 가운데 가장 기본적인 것일 수 있습니다. 타락

울타리란 무엇일까요?

의 직접적인 결과, 그것은 곧 사탄의 죄였습니다(이사야 14장 14절). 질투
심은 '내가 가지지 못한 것'을 좋은 것이라 여기고, 정작 자기에게 있는 좋
은 것들은 혐오하는 마음입니다. 이 죄가 그렇게도 파괴적인 이유는, 이것
이 우리가 원하는 것을 얻지 못하리라고 장담함으로써 우리를 영원히 탐욕
적이고 만족할 줄 모르는 사람으로 만든다는 데 있습니다(158-159쪽).

● 여러분은 어떤 것을 가장 질투하는 편인가요?

그렇다고 해서, 우리가 가지고 있지 않은 것들을 원하는 것이 잘못된 일
이라는 말은 아닙니다. 하나님께서는 우리 마음의 소원들을 이루어 주시겠
다고 말씀하셨습니다(시편 37편 4절). 질투가 문제시되는 것은 그것이 우리
의 울타리 밖에 있는 다른 사람의 소유물에 초점을 두고 있기 때문입니다
(159쪽).

● 갈라디아서 6장 4절에서 바울이 주장하고 있는 진리는 무엇입니까?
  우리를 향한 명령의 초점은 무엇입니까?

울타리가 없는 사람들은 공허하고 뭔가 채워지지 않은 느낌을 갖게 됩니
다. 그래서 그들은 다른 사람의 만족감을 보는 순간 질투심을 느끼게 됩니
다. 질투심을 느낄 시간과 정력이 있다면, 차라리 자신의 부족함에 대하여
책임을 지고 뭔가 조처를 취하는 일에 그 시간과 정력을 쏟아 부으십시오
(159-160쪽).

●
울타리의 열 가지 법칙

● 160-161쪽 상단에 열거된 상황들과 그 밑에 열거된 정반대 상황들을 다시 한 번 들여다보십시오. 이 예들을 통해서 여러분은 무엇을 깨달았습니까?

● 이 논의를 통해서, 하나님은 여러분에게 결핍되어 있는 것을 어떻게 하라고 명하고 계십니까? 좀더 자세히 말해서, 다른 사람을 질투하는 대신 여러분 자신에게 물어 보는 것이 더 좋을 질문은 무엇입니까?

● 하나님은, '여러분이 얻지 못하는 것은 구하지 않기 때문'이라고 말씀하십니다(야고보서 4장 2절). 이 구절은 여러분에게 무엇을 기도 제목으로 삼으라고 요구하고 있습니까?

여러분의 질투심은 언제나 여러분에게 뭔가가 결여되어 있다는 사실을 알려 주는 신호가 될 것입니다. 질투심을 느끼는 그 순간, 여러분은 자신이 무엇을 원망하고 있는지, 자기가 질투하고 있는 그 대상을 왜 자기는 가지고 있지 않은지, 그리고 정말로 자기가 그것을 원하고 있는지 아닌지를 알 수 있도록 도와주시라고 하나님께 기도해야 합니다. 어떻게 하면 그곳에 이를 수 있는지, 또는 어떻게 하면 여러분이 가지지 못한 것을 슬퍼하고, 가지고

울타리란 무엇일까요?

있는 것에 만족할 수 있는지 알려 주시라고 하나님께 기도해 보세요(162쪽).

법칙 9 : 활동의 법칙

인간은 반응하는 존재이자 반응을 촉발시키는 존재이기도 합니다. 우리는 초대에 응하는 동시에 자신을 삶 속으로 밀어 넣기도 합니다. 우리는 기선 적으로 반응을 촉발시킬 힘 —— 우리 자신을 삶 속으로 몰아댈 수 있도록 하나님께서 주신 능력 —— 이 부족하기 때문에 울타리 문제를 겪게 되는 경우가 많습니다(162-163쪽).

● 여러분은 초대에 응하기가 쉬운 편입니까, 어려운 편입니까?

● 여러분은 자신을 삶 속으로 밀어 넣기가 쉬운 편입니까, 어려운 편입니까?

● 누가복음 19장 12-27절에 실린 달란트의 비유를 다시 한 번 읽어보십시오. 이 이야기에서 성공을 거둔 사람은 어떤 부류의 사람이며, 또 모든 것을 잃은 사람은 어떤 부류의 사람입니까?

울타리의 열 가지 법칙

달란트의 비유에서, 모든 것을 빼앗겨 버린 사람은 소극적이고 게으른 사람이었습니다. 수동성은 결코 유익을 가져오지 않습니다. 하나님께서는 우리의 노력에 걸맞은 결과를 주시는 분이지, 결코 우리를 대신해서 일해 주시는 분이 아닙니다. 우리 대신 우리의 일을 하신다면 그것은 곧 우리의 울타리를 침범하시는 것이나 마찬가지일 것입니다. 하나님께서는 우리가 단언적이고 적극적인 사람이 되어 삶의 문을 힘차게 두드리길 원하십니다. 하나님의 은총은 모든 실패를 덮어 주시지만, 수동성까지 수습해 주시지는 않습니다(163-164쪽).

하나님께서 꾸짖으신 죄는, 노력했는데도 실패한 것이 아니라 아예 노력조차 하지 않은 것입니다. 하나님은 수동적으로 '뒤로 물러가는' 것을 절대로 용납하시지 않습니다. 반대로, 우리는 우리 영혼을 보호하기 위하여 적극적으로 노력해야 합니다. 그것이 바로 울타리의 역할입니다 : 울타리는 우리의 사유지, 곧 우리의 영혼을 경계짓고 보호하는 일을 합니다. 우리의 울타리는 우리가 적극적이고 공격적인 사람이 되어 두드리고, 찾고, 구할 때에 비로소 세워질 수 있는 것입니다(마태복음 7장 7-8절 ; 164-165쪽).

● 히브리서 10장 38-39절은 여러분에게 개인적으로 무슨 의미를 던져 주고 있습니까?

● 여러분의 삶에서 지금 노력을 기울이지 못하고 있는 부분은 어디입니까?

울타리란 무엇일까요?

● 수동성은 우리가 그것에 대항하지 않을 때 악의 협력자가 될 수 있습니다. 이것이 어떤 사람의 삶에서 실제로 나타나는 것을 보았거나, 또는 여러분의 삶 속에서 직접 겪은 것은 언제입니까?

● 이 논의를 통해서, 하나님이 여러분에게 좀더 적극적으로 행동하라고 명하고 계신 부분은 어디입니까? 여러분은 어디에서부터 두드리고, 찾고, 구할 생각입니까? 자세히 적어 보세요.

법칙 10 : 노출의 법칙

울타리는 여러분의 사유지가 어디에서 시작되어 어디에서 끝나는지를 정해 주는 것입니다. 그런 경계선이 필요한 여러 가지 이유들 가운데서 가장 으뜸인 것은, 바로 여러분이 허공 속에 존재하지 않는다는 것입니다. 여러분은 하나님과의 관계, 그리고 사람과의 관계 속에 존재하고 있습니다. 여러분의 울타리는 다른 사람과의 관계 속에서 여러분의 경계를 정해 주는 것입니다. 울타리는 진정 관계에 관한 울타리이며, 궁극적으로는 사랑에 관한 울타리입니다(165쪽).

노출의 법칙은 여러분의 울타리가 다른 사람의 눈에 보이는 것이어야 하고 또 다른 사람과의 관계 속에서 전달될 수 있는 것이어야 한다는 사실을 내포하고 있습니다. 우리는 관계의 두려움 때문에 여러 가지 울타리 문제를 지니고 있습니다(165쪽).

●다음 본문들은 울타리를 전달하는 일의 중요성에 관하여 뭐라고 말
하고 있습니까?

●에베소서 4장 25-26절

●에베소서 5장 13-14절

●여러분의 울타리를 전달하기 위하여 투쟁하고 있는 대상은 누구입니
까? 그 이유는 무엇입니까?

●비밀스런 울타리(166쪽)와, 그것을 계속적으로 감추는 행동의 결과
에 관한 논의를 다시 한번 읽어 보십시오. 이것이 실생활에서 여러
분에게 개인적으로 경고하고 있는 것은 무엇입니까?

성서적 명령은 정직해지라는 것과 빛 가운데 있으라는 것입니다. 오직 빛
이 있는 곳만이 우리가 하나님과 사람에게 가까이 접근할 수 있는 곳이며,
오직 관계만이 우리의 관계적 문제가 해결될 수 있는 곳입니다. 그렇지만,

우리는 두려움 때문에 우리의 생각을 어둠 속에 감추어 버립니다. 그곳에서 악마는 기회를 포착하게 됩니다(167쪽).

● 여러분이 감추고 있는 부분은 어디입니까?

● 그 부분을 기도 제목으로 삼아 빛 가운데로 가져 올 수 있겠습니까? 여러분이 밝히기를 두려워하고 있는 부분이 어디인가를 하나님께 아뢰고, 그 부분을 점차적으로 나눌 수 있을 만한 안전한 대상을 여러분의 삶 속에 보내 주시라고 간구해 보십시오.

● 시편 51편 6절에 기록되어 있는 다윗의 말에 따르면, 하나님은 우리에게 무엇을 원하고 계십니까?

하나님께서는 우리와 진실한 관계를 맺기 원하시며, 우리들 서로간에도 진실한 관계를 맺기 원하십니다. 진정한 관계란 내가 나의 울타리를, 그리고 전달하기 힘든 나만의 모습을 빛 가운데로 가져가는 것입니다. 우리의 울타리는 죄의 영향을 받습니다. 그러므로, 우리는 하나님께서 우리의 울타리를 고치시고 또 사람들이 우리의 울타리를 통해서 이득을 얻을 수 있도록, 우리 울타리를 빛 가운데로 가져가야 합니다. 이것이 곧 진정한 사랑으

울타리의 열 가지 법칙

로 가는 길입니다 : 여러분의 울타리를 개방적으로 드러내십시오(168쪽).

복습

● 여러분에게 가장 많은 것을 말해 준 법칙은 어떤 것입니까?

● 이 장을 통해서 여러분의 울타리 이해가 어떻게 바뀌었습니까?

● 이 장을 통해서 하나님은 울타리 법칙에 관하여 뭐라고 말씀하십니까?

● 이 장을 통해서 하나님의 법칙과 울타리와 여러분 자신에 관하여 깨달은 결과, 여러분은 무슨 일을 하기로 결심했습니까?

외계인에 관한 이야기를 여러분은 기억하고 있지요? 복된 소식은 하나님께서 우리를 외계로부터 이끌어내실 때 결코 아무런 교육도 없이 내버려 두시지 않는다는 것입니다. 하나님은 하나님의 백성을 이집트에서 구원해내신

울타리란 무엇일까요?

것처럼, 여러분도 포로된 상태로부터 구원하셨습니다. 하나님은 여러분의 구세주가 되셨습니다. 그러므로, 이스라엘 자손과 마찬가지로, 여러분 역시 하나님의 원칙을 배우고 실행해야 하며, 또한 이 원칙들을 여러분의 성격으로 내면화하기 위하여 수많은 전쟁을 치러야 합니다. 이 연구는 바로 그런 일에 관한 것입니다(168쪽).

✠

──────── 기도 ────────

창조자이시며 구원자이신 하나님, 경이로운 우주를 지으시고, 그 우주의 기능을 위하여 법칙을 세워 주시니 감사합니다. 또한, 영적인 영역에도 이와 유사한 법칙들을 세워 놓으시고, 이 연구를 통해 관계와 저의 행복을 좌우하는 법칙들을 더욱더 잘 알게 하시니, 정말 감사합니다. 하나님, 저는 이제 이 법칙들이 하나님의 사랑, 곧 은혜로우시고 자비로우시고 조건이 없으신 하나님의 사랑에 바탕을 두고 있음을 잘 압니다. 따라서, 저는 간구합니다. 제가 이 법칙들을 배우고, 실천하고, 내면화하고, 또 궁극적으로는 이 같은 하나님의 사랑의 법칙들 안에서 자유를 발견할 수 있도록, 제 마음을 열어 주십시오. 예수님 이름으로 기도합니다. 아멘.

4

일반적인 울타리 신화

신화의 정의 가운데 한 가지는 사실처럼 보이는 허구라는 것입니다. 울타리를 둘러싸고도 많은 신화들이 생겨났습니다. 이 신화들이 어디에서 비롯된 것이든간에 ——여러분의 가정 환경, 여러분의 교회나 신학적 토대, 여러분 자신의 오해에서 비롯된 것이라 할지라도 ——여러분이 이제껏 사실로 받아들여 왔던, '사실처럼 들리는' 다음의 신화들을 기도하는 마음으로 한번 검토해 보시기 바랍니다(169쪽).

신화 1 : 내가 울타리를 세운다면
이기적인 사람이 되고 말 거야

그리스도인의 가장 뚜렷한 특징은 바로 남을 사랑한다는 것입니다(요한복음 13장 35절). 그렇다면, 울타리를 쌓는다고 해서 우리가 갑자기 타인 중심적인 사람으로부터 자기 중심적인 사람으로 돌변해 버리는 것일까요? 결코 아닙니다! 오히려 적절한 울타리는 다른 사람을 돌볼 수 있는 우리의 능력을 더더욱 향상시켜 줍니다(170쪽).

어떻게 해서 경계를 가장 잘 정하는 사람이 다른 사람도 가장 잘 돌볼 수 있는지를 알아 보기 위하여, 먼저 이기적인 것과 청지기직을 비교해 보기로 하겠습니다(170쪽).

● 여러분은 이기적인 것이 무엇이라고 생각합니까?

이기적인 것은 우리 자신의 소원과 욕망에 집착하는 것이며, 다른 사람을 사랑해야 하는 우리의 책임을 거부하는 것입니다. 아무리 소원과 욕망이 하나님께서 주신 특성이라 해도(잠언 13장 4절), 우리는 건전한 목표와 책임감을 가지고 그것들을 제어해야 합니다(168쪽).

● 필요와 소원의 차이점을 설명해 보십시오.

● 둔감함은 남의 말을 경청하는 데 문제가 있는 것이기에 절대적으로 도움이 필요합니다. 여러분에게 필요한데도 그것을 원하지 않은 것은 언제입니까? 두세 가지 예를 들어 보십시오.

● 고린도후서 12장 7-10절과 빌립보서 4장 12-13절을 읽어 보세요. 하나님께서 들어 주시길 거부했던 바울의 소원은 무엇이었습니까?

울타리란 무엇일까요?

만일 울타리를 쌓기가 두렵거든, 하나님은 여러분의 필요를 채워 주시는 일에 관심을 갖고 계신다는 사실을 떠올리십시오(빌립보서 4장 19절). 하나님은 여러분의 소원도 최대한 들어 주실 것입니다(시편 37편 4절 ; 171쪽).

우리의 필요는 우리의 책임입니다

아무리 하나님께서 도와주신다 할지라도, 우리 자신의 필요를 충족시키는 것은 기본적으로 우리의 일임을 이해하는 것이 중요합니다. 우리는 다른 사람이 우리를 돌봐 줄 때까지 수동적으로 기다리고 있을 수만은 없습니다. 우리는 비록 '[우리] 안에서 활동하시는 이는 하나님'이시라는 사실을 잘 알고 있지만(빌립보서 2장 13절), 그래도 우리 자신은 우리가 직접 책임져야 합니다(171쪽).

● 다음 본문들은 우리에게 어떤 가르침을 주고 있습니까?

● 마태복음 7장 7절

● 빌립보서 2장 12-13절

● 여러분은 자신의 필요에 대하여 어떤 태도를 취하고 있습니까? 여러분의 필요는 악한 것인가요? 이기적인 것인가요? 사치스러운 것인가요? 하나님이나 다른 사람이 여러분에게 반드시 제공해 주어야

하는 것인가요?

● 고린도후서 5장 10절에서 바울은 우리 삶이 다름 아닌 우리의 책임
이라는 사실에 관하여 뭐라고 말하고 있습니까?

청지기직

경계를 정하는 일의 중요성을 이해하기 위해서는, 여러분의 삶이 하나님
께서 주신 선물이라는 사실을 명심해야 합니다. 만일 우리에게 울타리가 없
다면, 우리는 자신의 삶을 잘 관리할 수 없게 될 것이고, 당연히 주인은 우
리에게 화를 낼 것입니다. 우리는 우리의 삶과 능력과 감정과 생각과 행동
을 발달시켜야 합니다. 우리의 영성적 성장과 정서적 성장은 우리에게 맡기
신 것에 대한 하나님의 '관심'입니다. 우리에게 상처를 입히는 사람이나 행
동에 대하여 '아니오'라고 말할 때, 우리는 곧 하나님께서 맡기신 것을 지키
는 것이 됩니다(172쪽).

● 여러분은 청지기직을 어떻게 이해하고 있습니까?

● 그리스도인의 청지기직은 주의깊게 세워진 울타리와 어떤 관련이 있습니까?

● 그렇다면, 울타리를 세우는 일에서 이기적인 것과 청지기직 사이에는 어떠한 차이점이 있을까요?

신화 2 : 울타리는 불순종의 표시야

그리스도인들은 대개 경계를 쌓고 유지하는 것이 반역 또는 불순종의 표시가 될까봐 두려워하고 있습니다. 하지만 사실은 그와 정반대입니다: 울타리의 결핍이 종종 불순종의 표시로 나타나는 것입니다(172-173쪽).

● 이 신화 때문에 영적으로나 정서적으로 아무런 가치도 없는 활동들에 사로잡혀 있는 사람들을 언제 보았습니까── 또는 여러분 자신이 그런 무가치한 일에 사로잡혔던 것은 언제입니까?

● 배리(173-175쪽)를 기억하고 있습니까? 배리는 어떤 좋은 일을 했습니까── 그리고 그 일을 하게 된 좋지 않은 이유는 무엇입니까?

●여러분은 언제 좋지 않은 이유 때문에 좋은 일을 해보았습니까? 여러분이 '아니오'라고 말하고 싶을 때에도 '예'라고 말하게 만든 동기는 무엇에 대한 두려움이었습니까?

배리는 자신을 성경연구에 바쳤습니다 —— 켄을 실망시킬 경우 독신자반 사람들과의 관계가 끊어질까봐 두려웠기 때문입니다. 배리의 이야기는 우리에게 아주 중요합니다. 그것은 바로 이 이야기가 내면적인 '아니오'는 외면적인 '예'를 무가치하게 만든다는 성서적 원칙 한 가지를 구체적으로 설명해 주고 있기 때문입니다. 하나님은 우리의 외면적인 순종보다도 우리의 마음에 더 관심을 갖고 계십니다(호세아 6장 6절). 마음속으로는 '아니오'라고 말하면서 겉으로만 하나님이나 사람에게 '예'라고 말할 경우, 우리는 고분고분한 순종의 자리에 빠지고 말 것입니다. 그리고 그것은 거짓말을 하는 것과도 같습니다(173-175쪽).

●내면의 '아니오'에도 불구하고, 외면의 '예'로 참여했던 일들을 돌이켜 보십시오. 그것이 외면적인 '아니오'가 되었습니까? 여러분의 책임은 완수했습니까? 만일 그렇다면, 어떤 태도를 취했습니까?

●여러분이 현재 직면하고 있는 결정은 어떤 것입니까? '예'와 '아니오'에 관한 이 견해가 여러분을 어떻게 도와 주고 있습니까?

울타리란 무엇일까요?

울타리가 불순종의 표시라고 하는 이 같은 신화에 해당되는 좋은 말이 있습니다 : 만일 우리가 '아니오'라고 말할 수 없다면 '예'라고 말할 수도 없다는 것이 바로 그것입니다. 우리는 언제나 사랑하는 마음에서 '예'라고 말해야 합니다. 우리의 동기가 두려움 ── 실제적인 인물이나 죄책감에 대한 두려움 ── 일 경우에는 결코 사랑할 수가 없는 것입니다. 그리고, 하나님은 우리가 두려움이 아니라 사랑 때문에 순종하기를 원하십니다(175-176쪽).

● 고린도후서 9장 7절에 따르면, '예'라고 말하고서 여러분 자신이나 여러분의 재능·시간·보물을 베풀게 되는 불건전한 내적 이유 두 가지는 무엇입니까?

● 이 본문에서, '기쁜 마음으로(개역 성경에는── '즐겨')'라는 말은 '예'라고 말하게 되는 건강한 내적 이유에 관하여 뭐라고 암시하고 있습니까?

● '아까워하거나 마지 못해서(개역 성경에는── '인색함으로나 억지로')'는 둘 다 두려움에 연루된 것입니다. 요한1서 4장 18절은 두려움에 관하여 뭐라고 말하고 있습니까?

일반적인 울타리 신화

● 여러분이 사랑이 아닌 두려움 때문에 행동을 취하고 있는 부분은 어디입니까? 두 번째 신화에 관한 이 논의가 여러분의 삶을 어떻게 변화시킬 수 있었습니까?

울타리는 불순종의 표시일 수 있습니다. 우리는 그릇된 이유 때문에 좋은 것들에도 '아니오'라고 말할 수 있습니다. 하지만, '아니오'라고 말하는 것 —— 울타리를 세우는 것 —— 은 우리가 우리의 동기에 대하여 정직하고 분명하게 진실을 말할 수 있도록 도와줍니다. 그렇게 되면, 우리는 하나님께서 우리 안에 역사하실 수 있도록 할 수가 있습니다(176쪽).

신화 3 : 울타리를 쌓기 시작할 경우,
난 다른 사람한테서 상처를 받게 될 거야

울타리의 필요성을 순전히 신뢰하고 있으면서도, 그 결과가 두려워서 울타리를 쌓지 못하는 사람이 많이 있습니다. 우리의 울타리 때문에 다른 사람들이 화를 낼 수도 있고, 우리를 공격하거나 심지어는 우리로부터 멀어질 수도 있기 때문입니다. 하나님께서는 우리의 '아니오'에 대한 다른 사람의 반응을 통제할 수 있는 힘이나 권리를 결코 우리에게 부여해 주시지 않았습니다(176-177쪽).

마태복음 19장 16-22절에 실려 있는 예수님과 부유한 청년 관리에 관한 기사를 읽어 보십시오.

● 예수님은 그 청년이 돈을 숭배하고 있음을 아시고, 그에게 어떻게

울타리란 무엇일까요?

하라고 말씀하셨습니까?

● 그 청년은 예수님의 가르침에 대하여 어떤 반응을 보였습니까?

그 청년은 도저히 자신의 재산을 포기하면서까지 자신의 마음속에 하나님을 위한 여유를 마련할 수 없었기에, 돌아서서 멀리 가버렸습니다 (177쪽).

● 예수님은 어떤 행동을 취하셨습니까?

예수님은 그 관리가 그냥 가도록 내버려 두셨습니다 ―― 우리라고 별반 다를 바가 없습니다. 우리는 우리의 울타리를 구미에 당기게 함으로써 사람들이 삼키도록 조종할 수 없습니다(177쪽).

울타리는 우리 관계의 질을 평가하는 '리트머스 시험지'입니다. 우리의 울타리를 존중할 수 있는 사람이라면, 우리의 의지와 우리의 견해와 우리의 분리도 사랑해 줄 것입니다. 또 우리의 울타리를 사랑할 수 없는 사람이라면, 우리가 '아니오'라고 말하는 것이 싫다고 이야기할 것입니다. 그런 사람은 오로지 우리의 '예'만, 다시 말해서 우리의 순종만 사랑하는 사람입니다 (누가복음 6장 26절).

일반적인 울타리 신화

● 여러분은 누구의 울타리를 존중하는 일에 어려움을 겪고 있습니까? 앞 문단에서 여러분 자신에 관해 깨닫게 된 진리는 무엇입니까?

● 여러분이 울타리를 세우고 그 울타리 안에서 살아가려고 노력하는 동안, 여러분의 울타리를 존중하지 못하고 힘들어한 사람은 누구입니까? 그들이 힘들어했다는 사실은 그들과의 관계에 대하여 어떤 점을 시사해 주고 있습니까?

성경은 진실을 이야기하는 사람과 그렇지 않은 사람을 분명하게 구분짓고 있습니다(178쪽).

● 경계를 정하는 것과 진실을 말하는 것의 차이점을 설명하십시오.

● 경계를 정하는 것은 여러분의 존재에 관하여 진실을 이야기하기 위한 하나의 방법입니다. 경계를 정함으로써 더욱더 친밀한 관계를 맺게 된 것은 언제입니까?

울타리란 무엇일까요?

여러분이 안전하게 진실을 이야기하는 법을 배우기 시작할 수 있는 장소가 있다면, 그것은 바로 '사랑 속에 뿌리를 박고 터를 잡을' 수 있는 장소입니다(에베소서 3장 17절). 그러한 유대감이 있어야 우리가 울타리를 쌓을 수 있는 것입니다. 그리고, 어떤 사람들은 우리가 울타리를 갖고 있다고 해서 우리를 버리거나 공격하려 들기도 합니다. 그러므로, 그들의 특성을 이해하고 문제를 해결하기 위한 단계를 밟아 나가는 것이 전혀 모르는 것보다는 훨씬 더 낫다고 할 수 있습니다(180-181쪽).

● 이 같은 사실을 염두에 두고, 현재 여러분이 울타리를 세워야 할 필요가 있는 관계를 생각해 보십시오. 어떠한 위험이 도사리고 있다고 생각됩니까? 언제 여러분은 과감하게 경계를 세우기 위한 발걸음을 내딛을 계획입니까? 여러분 곁에서 기도로 후원해 줄 사람이 누가 있습니까?

신화 4 : 만일 내가 울타리를 쌓는다면, 다른 사람이 상처를 입게 될 거야

만일 여러분이 울타리를 쌓게 될 경우 자신이 사랑하는 사람이 상처를 입게 될까봐 두려워하고 있다면, 문제는 바로 여러분이 울타리를 하나의 공격 무기로 본다는 데 있습니다. 그것은 영락없는 사실입니다. 하지만 울타리는 방어 도구인 것입니다(181쪽).

● 다른 사람들이 울타리를 하나의 공격 무기로 사용하는 것을 목격한

것은 언제입니까?

● 여러분 자신이 울타리를 공격 무기로 사용한 것은 언제입니까?

● '울타리는 방어 도구'라는 주장을 여러분은 어떻게 이해하고 있습니까?

적절한 울타리는 다른 사람을 지배하거나 공격하거나 상처입히지 않습니다. 적절한 울타리는 그저 여러분의 보물을 좋지 않은 때에 가져가지 못하도록 막아 줄뿐입니다. 이 같은 원칙은 비단 우리를 지배하거나 조종하기 좋아하는 사람들에게만 적용되는 것이 아닙니다. 이것은 다른 사람의 합법적인 요구에도 똑같이 적용되는 원칙입니다(181-182쪽).

● 어떤 사람이 여러분의 합법적인 요구에도 불구하고 자신의 울타리를 계속 유지하고 있을 경우, 여러분은 어떻게 대응하였습니까?

우리는 이런저런 이유 때문에 희생할 수 없는 경우가 더러 있습니다. 예를 들면, 예수님도 무리를 버려 두고 혼자서 성부와 함께 지내신 적이 있습니다(마태복음 14장 22절-23절). 이런 경우에, 우리는 다른 사람들이 각각 자기 몫의 짐에 대하여 책임을 지도록 해주어야 하며(갈라디아서 6장 5절), 또 그 밖의 다른 곳에서도 저마다의 필요를 충족시킬 수 있도록 해주어야 합니다(182쪽).

● 이러한 (아마도 새로운) 관점에서 볼 때, 다음 번에 또 어떤 사람이 적절한 울타리를 유지시키면서 여러분더러 다른 곳에 가서 필요를 충족시키라고 할 경우, 내적으로나 외적으로 어떤 반응을 보이고 싶은가요?

확실히, 우리 모두에게는 하나님이나 가장 절친한 친구 이외에도 더 많은 관계가 필요합니다. 우리는 도움을 주고받는 관계의 모임을 필요로 합니다. 그것은 우리가 한 사람보다는 더 많은 사람들과 관계를 맺을 때 우리 친구들이 인간다운 삶을 살 수 있기 때문입니다. 바쁘게 살 수 있기 때문입니다. 시도 때도 없이 이용당하지 않을 수 있기 때문입니다. 상처를 입고 자신의 문제를 가질 수 있기 때문입니다. 혼자 있는 시간을 가질 수 있기 때문입니다. 이런 후원 관계에 있을 때, 우리는 또한 다른 사람들이 우리의 '아니오'를 참아낼 수도 있다는 사실을 깨닫게 됩니다. 우리의 후원망이 충분히 강력한 것일 때에는 우리 모두 하나님께서 의도하신 대로 서로가 성숙해지도록 도와줄 수가 있습니다(에베소서 4장 2-3절). 여러 가지 후원 관계를 발달시킬 책임을 이행할 때, 비로소 우리는 다른 사람으로부터 그리고 하나님으로부터 '아니오'라는 말을 들을 수 있게 됩니다. 그리고, 하나님께서는 우

일반적인 울타리 신화

리에게 상당히 자주 '아니오'라는 말씀을 하고 계십니다! 하나님께서는 당신의 울타리가 우리에게 상처를 입힐 것이라는 걱정은 전혀 하지 않으십니다. 하나님께서는 우리가 우리의 삶을 책임져야 한다는 사실 ——그리고 때로는 '아니오'라는 말이 우리가 우리 삶을 책임지도록 도와줄 수 있다는 사실 ——을 잘 알고 계십니다(182-183쪽).

● 여러분이 누리고 있는 후원 관계는 어떤 것입니까? 만일 여러분의 후원 관계가 '하나님이나 가장 친한 내 친구'에 머물러 있다면, 다른 사람들을 찾으러 어디로 갈 생각입니까? 그리고 언제 그 일을 시작할 생각입니까?

신화 5 : 울타리는 내가 화났다는 증거야

사람들이 진실을 이야기하고, 경계를 정하고, 책임을 이행하는 등의 일을 시작할 때에는 대체로 '분노의 먹구름'이 그들 주변에 잠시 동안 머무르게 됩니다(184쪽).

● 경계 정하기가 여러분을 분노의 감정과 부딪히게 만든다는 사실이 중요한 것은 왜일까요? 브랜다나 여러분 자신의 상황을 한 번 고려해 보십시오.

●
울타리란 무엇일까요?

울타리는 결코 우리 안에 분노를 불러일으키는 것이 아닙니다. 오히려, 다른 모든 정서와 마찬가지로, 분노 —— 우리가 울타리를 세우고자 할 때 궁극적으로 인식하게 되는 감정 —— 역시 하나의 신호입니다. 분노는 위험을 알려 주는 신호입니다. 분노는 (두려움처럼) 우리를 뒤로 물러서게 만드는 것이 아니라, 그 위협과 맞서 싸우기 위하여 앞으로 전진하게 만듭니다. 분노는 우리의 울타리가 침범당했다는 사실을 우리에게 가르쳐 줍니다. 분노라는 감정은 우리가 상처를 입거나 지배를 당할지도 모르는 위험에 처해 있음을 알려 줄 수도 있습니다. 분노는 우리가 가져서는 안될 어떤 것을 요구하고 있다는 사실을 알려 줄 수도 있습니다. 분노는 또한 우리에게 문제 해결 능력을 제공해 줍니다. 분노는 우리가 자신을 보호하고, 사랑하는 사람들을 보호하고, 우리의 원칙을 보호하도록 힘을 불어넣어 줍니다(184-186쪽).

● 요한복음 2장 13-17절에서, 예수님의 분노는 무엇을 알려 주는 신호입니까? 그리고, 예수님은 자신의 분노에 대하여 어떤 반응을 보이셨습니까?

● 여러분이 성장한 가정은 분노를 어떻게 처리했습니까? 분노를 처리하는 방법에 대하여 여러분이 갖고 있었던 모델은 무엇입니까?

● 여러분은 스스로 분노를 경험하도록 허용하고 있습니까? 그렇다면 왜 그렇고, 안 그렇다면 왜 안 그런가요? 만일 그렇다면 어떻게 분

일반적인 울타리 신화

노를 처리하고 있습니까?

●어떻게 분노가 협력자가 될 수 있는지 설명해 보십시오.

●분노가 여러분에게 어떤 사람과 대결할 수 있도록, 또는 경계를 세울 수 있도록 힘을 불어넣어 준 것은 언제입니까? 무엇을 지켰는지, 또는 무슨 문제를 해결하였는지 자세히 적어 보십시오.

다른 모든 정서와 마찬가지로, 분노 역시 시간 관념을 가지고 있지 않습니다. 분노는 자동적으로 사라지는 것이 결코 아닙니다. 분노는 적절하게 풀어야 합니다. 그렇지 않을 경우, 분노는 그대로 우리 마음속에 살아 있게 됩니다. 마치 임금이 된 종처럼, 예전의 분노는 잠시 동안 실질적인 압제자가 될 수 있습니다(잠언 30장 22절). 하지만, 여러분은 분노를 영원히 품고 있을 필요가 없습니다(187쪽).

●여러분은 자기 마음속에 있는 '예전의 분노'를 인식하고 있습니까? 만일 그렇다면, 그 분노를 적절하게 풀기 위하여 어떤 일을 하고 있습니까?

●
울타리란 무엇일까요?

과거의 분노를 풀어 버리기 위한 첫번째 단계는, 여러분이 화를 내고 있는 동안에도 여러분을 사랑해 주는 사람들을 통하여 하나님의 은총을 경험하는 것입니다(188쪽).

● 성경에서 요구하는 대로(야고보서 5장 16절), 과거에서 비롯된 여러분의 분노를 고백할 수 있는 관계는 어떤 관계입니까?

두 번째 단계는 여러분의 영혼 가운데서 손상된 부분을 재건하는 것입니다(188-189쪽).

● 여러분은 침해당한 '보물'을 수리할 책임을 완수하기 위하여 어떤 일을 하고 있습니까?

마지막으로, 성서적 울타리 의식을 발달시킬 때에는 지금 이 순간의 안전감을 더더욱 발달시켜야 합니다. 신뢰감을 발달시키면 시킬수록 여러분이 다른 사람에 대한 두려움의 노예가 되는 일도 줄어들 것입니다(188-189쪽).

● 여러분은 자신이 이 같은 연속체를 따라 진행하고 있다는 사실을 인식하고 있습니까? 여러분은 새로운 안전감이나 신뢰감, 또는 다른 사람들에 대한 두려움으로부터 벗어난 듯한 새로운 자유가 뿌리를 내리기 시작했음을 인식하고 있습니까? 그것들의 성장을 도모하기

일반적인 울타리 신화

위하여 여러분은 어떤 일을 하고 있습니까?

최초로 울타리 발달을 시도하는 순간에 여러분의 격노를 발견하게 되더라도 부디 놀라지 마십시오. 격노는 여러분의 영혼이 지금껏 던져 온 항의입니다. 그것은 하나님과 사람 앞에 숨김없이 드러나고, 이해받고, 사랑받아야 할 부분입니다. 그런 다음, 여러분은 그것을 치유하고 좀더 튼튼한 울타리를 발달시켜야 할 자신의 책임을 이행해야 합니다(189-190쪽).

성숙한 울타리를 지닌 사람들은 세상에서 가장 화를 내지 않는 사람들입니다. 그들은 단번에 울타리 침해를 막을 수 있기 때문에, 자신의 삶과 가치를 좀더 잘 통제할 수 있으며, 따라서 화를 낼 필요가 없어지는 것입니다(190쪽).

● 실생활에서 이런 예를 본 곳은 어디입니까? 여러분은 뚜렷하게 규명된 울타리를 가지고 사는 사람을 누구누구 알고 있습니까? 이런 사람은 어떻게 화를 내던가요?

신화 6 : 다른 사람이 울타리를 세우면 내가 상처입게 돼

울타리의 공격 목표가 된다는 것은 너무도 뼈아픈 일이기에, 우리는 결코 울타리를 지킴으로써 다른 사람에게 상처를 입히는 일 따위는 하지 않겠노라고 맹세를 할 수가 있습니다. 그러면, 다른 사람의 울타리를 인정하는 것

울타리란 무엇일까요?

이 왜 그렇게 어려운 일인가를 한번 생각해 봅시다(190-191쪽).

● 첫째, 부적절한 울타리에 가로막혔을 경우 우리는 상처를 입을 수
  있습니다. 아동기에는 특히 더 그렇지요. 여러분에게 상처를 입힌
  부적절한 울타리가 있다면, 어떤 것입니까? 자세히 적어 보십시오.

● 둘째, 우리는 자기 자신의 상처를 다른 사람에게 투사합니다. 여러분
  이 다른 사람들에게서 자신의 고통을 읽을 수 있는 관계는 어떤 관
  계입니까?

● 셋째, 누군가의 울타리를 받아들일 수 없다는 것은 곧 그 사람과의
  관계가 맹목적인 숭배의 관계일 수도 있다는 말입니다. 여러분이 특
  히 받아들이기 힘든 울타리——아니오——는 누구 것입니까? 오직
  하나님만이 앉으실 수 있는 왕좌에 그 사람을 앉혀 두고 있는 것은
  아닙니까?

● 넷째, 다른 사람의 울타리를 인정하지 못한다는 것은 곧 책임을 이
  행하는 데 문제가 있다는 사실을 가리키는 것일 수도 있습니다. 여
  러분은 다른 사람이 자신을 구출해 주는 일에 너무도 익숙해진 나머

일반적인 울타리 신화

지, 자기의 행복은 다른 누군가의 문제라고 굳게 믿고 있지나 않습니까? 다시 말해서, 여러분은 자기 자신의 삶에 대한 책임을 이행하지 못하고 있는 게 아닙니까?

여태껏 놓쳐 버렸던 서신에서, 바울은 고린도인들의 반역에 경계를 세웁니다(194쪽).

● 고린도후서 7장 8-9절에 따르면, 고린도인들은 바울이 세운 경계에 대하여 어떤 반응을 보였습니까?

● 여러분의 삶 속에서, 울타리를 세우는 일──여러분이 자신을 위하여 울타리를 세운 일이나, 또는 어떤 사람이 여러분과의 관계 속에서 그 자신의 울타리를 지킨 일── 때문에 회개까지 했던 상황에 관하여 설명해 보십시오.

마태복음 7장 12절에서, 예수님은 저 유명한 황금률을 선포하십니다 : "너희는 무엇이든지, 남에게 대접을 받고자 하는 대로, 너희도 남을 대접하여라."

울타리란 무엇일까요?

● 이 황금률이 울타리에 관하여 여러분에게 해주고 있는 말은 무엇입
  니까?

　여러분은 자신의 울타리가 다른 사람에게 존중받길 원하십니까? 그렇다
면, 여러분이 먼저 다른 사람들의 울타리를 기꺼이 존중해 주어야 합니다
(195쪽).

신화 7 : 울타리는 죄책감을 안겨 주지

　우리가 울타리를 쌓고자 할 때 가장 부딪히기 쉬운 장애물들 가운데 하나
는 바로 책무를 느끼는 것입니다. 우리는 부모님과 우리를 사랑해 준 사람
들에게 어떤 빚을 지고 있는 것일까요? 무엇이 올바르고 성서적인 것이며,
무엇이 그렇지 못한 것일까요(196쪽)?
　대부분의 사람들은 자기가 책무를 느끼고 있는 사람들에게 울타리를 쌓지
않음으로써 이런 딜레마를 해결하려 합니다. 그들은 학교나 교회를 절대로
옮기지 않으며, 직장이나 친구도 결코 바꾸지 않습니다. 그 반대쪽이 더 성
숙한 행동일 경우에도 마찬가지입니다(196쪽).

● 여러분이 책무 때문에 울타리를 세우지 못한 곳은 어디입니까?

● 앞의 상황에서, 울타리를 세우지 못한 것 때문에 빚어진 결과는 어
  땠습니까? 예를 들어, 여러분은 한 학교나, 한 교회나, 한 직장이

나, 한 친구에게만 구애되어 꼼짝 못하고 있지는 않습니까?

우리는 종종 자신이 뭔가를 받았기 때문에 뭔가를 빚지고 있다는 생각을
하게 됩니다. 문제는 있지도 않은 빚입니다. 우리가 받은 사랑 ——또는 돈
이나 시간 ——은 선물로 받아들여야 합니다(196쪽).

● '선물'이라는 단어에 내포되어 있는 의미는 무엇입니까? 다시 말해
서, 선물에 대한 적절한 반응은 어떤 것입니까?

선물을 받은 쪽에서 정말로 해야 할 것은 감사입니다. 주는 사람은 그 선
물을 주고서 뭘 받으려는 속셈을 전혀 가지고 있지 않습니다. 선물이란 누
가 누구를 사랑하기 때문에 그저 그 사람에게 뭔가를 해주고 싶어서 주는
것일 뿐입니다. 더 말할 것도 없습니다(197쪽).

● 하나님은 우리에게 구원이라는 선물을 주시기 위하여 자신의 아들을
대가로 내놓으셨습니다. 그것은 우리를 향한 그분의 사랑에서 비롯
된 선물이었습니다(요한복음 3장 16절). 하나님의 선물에 대한 우리
의 응답은 그 선물을 받아들이는 것, 그리고 그것을 감사하는 것입
니다. 고린도후서 9장 6, 7절과 골로새서 2장 7절에 비추어 볼 때,
우리의 감사가 하나님께 그리도 중요한 까닭은 무엇일까요?

하나님은 하나님이 우리를 위하여 해주신 일에 대한 감사가 우리로 하여
금 다른 사람을 사랑하게 만든다는 사실을 잘 알고 계십니다(197쪽).

● 우리에게 무엇을 베풀어 준 사람과 하나님께 우리가 빚지고 있는 것
은 감사입니다. 그러므로, 우리는 감사하는 마음으로 다른 사람에게
다가가 도움을 주어야 합니다. 여러분이 하나님과 그 백성으로부터
받은 것들에 대하여 감사하는 마음을 가지고, 다른 사람들에게 다가
가 도움을 주고 있는 곳은 어디입니까?

하나님은 에베소교회, 버가모교회, 두아디라교회에 보내는 요한계시록 서
신에서 밝히 드러내신 것처럼, 감사와 울타리의 혼동을 절대로 허락하지 않
으십니다. 하나님은 이 교회들이 하나님 나라를 위하여 성취한 일들을 칭찬
하시고 또 그것을 감사하게 생각하십니다. 하지만, 이와 동시에 하나님은
그 교회들의 무책임에 대항함으로써 울타리를 세우고 계십니다(197-198쪽).

● 이 논의를 통해서, 하나님이 여러분에게 울타리를 세우라고 명령하
고 계신 관계는 누구와의 관계입니까? 그 사람이 여러분에게 베풀
어 준 것들과는 상관없이 말입니다.

하나님은 감사와 울타리의 쟁점들이 혼동되는 것을 허락지 않으십니다.
우리 역시 그 둘을 혼동하지 말아야 하겠습니다. 감사하는 마음 때문에, 우

일반적인 울타리 신화

리에게 선물을 준 사람들에게 울타리를 세우지 못하는 일은 없어야 합니다
(198쪽).

신화 8 : 울타리는 영속적인 것이야,
난 퇴로가 차단될까봐 두려워

여러분의 '아니오'라는 말이 언제나 여러분에게 종속되어 있다는 사실은
아주 중요합니다. 여러분이 울타리를 소유하고 있습니다. 울타리가 여러분
을 소유하는 것이 결코 아닙니다. 만일 여러분이 누군가에게 경계를 정한다
면, 그 사람은 성숙하고 충실하게 그것에 반응할 것이고, 그렇게 되면 여러
분은 울타리를 재조정할 수 있습니다. 게다가, 여러분이 더 안전한 장소에
있게 될 경우 울타리를 변경시킬 수도 있습니다. 울타리를 재조정하고 변경
하는 일은 성경에서도 그 선례를 많이 찾아볼 수 있습니다(요나서 3장 10절 ;
사도행전 15장 37-39절 ; 디모데후서 4장 11절 ; 198-199쪽).

● 영속적인 것이 될까봐 두려워서 울타리를 세우지 못한 곳은 어디입
  니까?

● 어떤 사람이 여러분에 대한 울타리를 변경하고 있음을 깨달은 적이
  있습니까? 자세히——어떤 변화가 일어났는지, 그 변화가 어떻게
  이루어졌는지, 그리고 여러분은 그 변화에 대하여 어떤 반응을 보였
  는지——이야기해 보십시오.

울타리란 무엇일까요?

● 울타리는 결코 영속적인 게 아니라는 사실을 깨달은 지금, 좀더 기
  꺼이 울타리를 세우고 싶은 곳은 어디입니까?

복습

● 이제껏 여러분이 사실로 여겨 왔던 신화는 무엇입니까?

● 이 장을 통해서 여러분의 울타리 이해가 어떻게 바뀌었습니까?

● 이 장을 통해서 하나님은 울타리 신화에 관하여 뭐라고 말씀하십니
  까?

● 이 장에서 하나님의 진리와 울타리와 여러분 자신에 관하여 깨달은
  결과, 여러분은 무슨 일을 하기로 결심했습니까?

●
일반적인 울타리 신화

이 장을 시작할 때에도 이미 그랬지만, 다시 한번 우리는 지금까지 여러분을 함정에 휩쓸리게 만들고 유혹해 온 신화들을 기도하는 마음으로 점검해 보라고 요청하는 바입니다. 이 지침서와 교재에서 언급한 성경 본문들을 곰곰이 생각해 보십시오. 그리고 하나님께 요청해 보십시오. 여러분보다는 하나님께서 튼튼한 울타리를 더 신용하고 계신다는 확신을 여러분에게 주시리라고 말입니다.

✦

──────────────── 기도 ────────────────

은혜로우시고 선하신 하나님, 하나님은 하나님의 진리가 우리를 자유케 하리라고 약속하셨습니다. 그리고 저는 이 장의 진리에 대하여 감사드립니다. 이제 저는 울타리와 울타리 이해에서 비롯되는 자유를 언뜻 보았습니다. 이 진리 ── 하나님의 진리 ──가 제 마음속으로 파고들 수 있도록 도와주십시오. 저의 그릇된 생각과 믿음을 고칠 수 있도록 도와주십시오. 잘못된 생각으로부터 저를 자유하게 해주시고, 제 행동을 이끌어 주십시오. 또한, 제가 울타리를 세울 수 있도록 가르쳐 주십시오. 현명하게, 그리고 항상 사랑 안에서 울타리를 세울 수 있도록 도와주십시오. 예수님의 이름으로 기도합니다. 아멘.

울타리란 무엇일까요?

제 2 부
울타리 갈등

5

울타리와 여러분의 가족

지금까지 '울타리란 무엇인가'라는 질문을 던지고 그에 대한 답을 알아보았으므로, 이제는 제2부로 넘어가서 울타리 갈등에 관하여 살펴보기로 하겠습니다. 우리가 울타리 갈등을 찾아 볼 수 있는 첫번째 영역은 바로 가족입니다.

일반적인 문제

수지는 부모님 댁을 방문하고 돌아온 다음에는 으레 심각한 우울증을 겪곤 하였습니다. 수지는 자기가 다른 곳에서 생활하고 있는 것이 무슨 죄라도 되는 것처럼 여겨졌습니다. 그리고, 부모가 자기에게 바라고 있는 일들을 정말로 해야 한다는 초조한 마음을 갖게 되었습니다. 그녀는 겉으로는 스스로 선택을 하였습니다 ── 가족에게서 멀리 떨어져 나와 자신의 일을 추구했으며, 결혼도 하고 아이도 낳았습니다. 하지만 내면으로는 사정이 전혀 달랐습니다. 수지는 자기가 삶을 자유로이 선택할 수 있는, 부모님이 자기에게 원하는 일을 하지 않더라도 죄책감을 느낄 필요가 없는, 독립적인 인간이라는 사실을 정서적으로 인정하지 못하고 있었습니다(203-205쪽).

● 여러분은 부모님 댁을 방문할 때 어떤 느낌을 갖게 됩니까? 여러분 집으로 돌아온 다음에는 어떤 느낌이 드나요?

● 부모님이 여러분을 전적으로 인정하고 있지는 않다는 사실을 이런저 런 방식으로 알려 주었던 여러분의 선택은 어떤 것입니까?

● 여러분은 내면으로도 그 쪽을 선택했습니까? 아니면, 자신의 선택에 대하여 죄책감이나 미안함이나 불편함을 느꼈습니까?

자기 삶을 소유하고 있는 사람들은 자기가 어디를 가겠다고 선택하더라도 전혀 죄책감을 느끼지 않습니다(여호수아 24장 15절). 그들은 물론 다른 사 람들을 고려하긴 하지만, 다른 사람들의 희망에 따라 선택을 할 때에는 죄 책감이 아니라 사랑에서 우러나오는 선택을 합니다 ; 좋은 것은 추진시키고 나쁜 것은 피해 가는 것이죠(고린도후서 9장 6-7절 ; 205쪽).

● 여러분은 자신이 선택한 것에 대하여 죄책감을 느끼는 편입니까? 만 일 그렇다면, 어떤 선택에 대하여—— 그리고 왜—— 죄책감을 느끼고

울타리 갈등

있습니까? 여러분은 진정 자신을 '소유하고' 있지 못한가요?

● 여러분이 결정을 내리도록 이끄는 것은 무엇입니까? 여러분의 선택
  은 사랑에서 우러나오는 것입니까, 아니면 죄책감에서 우러나오는
  것입니까? 여러분은 좋은 것은 추진시키고 나쁜 것은 피해 가는 쪽
  을 선택하고 있습니까?

울타리 결핍의 신호

그러면, 지금부터 우리가 성장해 온 가정에 대한 울타리 결핍의 일반적인
신호들을 살펴보기로 하겠습니다.

바이러스에 감염됨

우리가 튼튼한 울타리를 가지고 있지 못할 경우, 우리의 원 가족은 새 가
족에게 영향력을 행사하게 됩니다. 사실, 만일 여러분과 어떤 사람의 관계
가 여러분과 다른 사람들의 관계에 영향을 미칠 정도로 강하다면, 그것은
틀림없이 울타리 문제가 있다는 신호입니다(205쪽).

● 수지 이야기를 읽는 동안, 여러분이 알고 있는 어떤 사람, 삶 속에서
  어느 한 사람에게만 너무 많은 힘을 부여해 주고 있는 어떤 사람의
  얼굴이 떠오르던가요? 그렇다면, 그 사람이 누구인지, 그리고 그 사

울타리와 여러분의 가족

람의 원가족 가운데서 너무 많은 힘을 행사하고 있는 쪽은 누구인
지, 자세히 적어 보십시오.

● 여러분도 수지 같은가요? 만일 그렇다면, 여러분과 다른 사람들의
관계에 영향을 미치는 사람에 관하여 자세히 적어 보세요. 여러분은
그 사람에게 정서적으로 어떤 반응을 보이고 있습니까? 그 사람과
의 접촉으로 인한 정서적 부산물은 무엇입니까?

● 그 부산물은 여러분이 자신에 관하여 느끼고 있는 바에 어떤 영향을
미치고 있습니까? 다른 관계에 미치는 영향은요?

제2 바이올린

원가족에 대한 울타리 결핍의 일반적인 신호를 한 가지 더 들자면, 그것
은 바로 배우자 쪽에서 자기는 찬밥 신세라고 여기는 것입니다. 댄은 제인
이 남편인 자기보다 장인 장모에게 더 충실하고 있다고 생각합니다. 결혼
생활을 하려면 '결합하기 이전에 먼저 떠나야' 하는데, 제인은 아직 그 과정
을 완수하지 못하고 있습니다(창세기 2장 24절). 결혼 생활을 하기 위해서
는, 먼저 두 부부가 자기 원가족과의 연결 띠를 풀고 이 결혼을 통해 자신이
이룩해낸 가정과 새로운 관계를 서서히 맺어 가야 합니다(206-207쪽).

울타리 갈등

● 만일 여러분이 기혼자라면, 배우자가 그 원가족을 상대로 유지하고
있는 울타리에 만족하고 있습니까——아니면, 자신이 찬밥 신세라고
여기고 있습니까? 몇 가지 자세한 예를 들어서 여러분의 답변을 지
지해 보세요.

● 여러분이 원가족을 상대로 유지하고 있는 울타리에 대하여 여러분의
배우자는 만족하고 있습니까? 배우자에게 직접 물어 보십시오.

● 여러분이 원가족과의 연결 띠를 조금 느슨하게 풀어야 할 부분은 어
디입니까? 여러분은 결혼을 통해 이루어진 가정과 새로운 관계를
맺어 나가거나 또는 그 관계를 강화시키기 위하여 어떤 특정한 단계
들을 밟을 계획입니까?

용돈 좀 주시겠어요?

여러분은 테리와 쉐리의 삶을 기억하고 있습니까? 테리는 자기 부부에게
온갖 물질적인 것들을 주고 싶어하는 부모님의 욕구에 대하여 울타리를 세
우지 못하고 있었습니다. 부모님이 찔끔찔끔 돈을 주시는 행위가 자신의 자
존감을 송두리째 빼앗아 가고 있는데도, 아직까지 테리는 자신이 과연 이
모든 것을 포기하고 좀더 독립적인 사람이 되고 싶어하는지조차 확신이 서

●
울타리와 여러분의 가족

질 않았습니다. 그는 재정적으로 성인이 아니었던 것입니다(207-209쪽).

● 여러분은 재정적으로 성인입니까? 삶을 자세히 설명함으로써 여러분
  의 답변을 지지해 보세요.

재정적인 울타리 문제에는 또 다른 측면이 있습니다: 부모는 마약 중독
이나 알코올 중독, 무절제한 소비, 또는 현대의 "난 아직 나한테 딱 어울리
는 직장을 찾지 못했어요" 신드롬 때문에 재정적인 궁지에 몰리게 된 자녀
를 도와 줌으로써, 이 실패와 무책임의 행진에 계속적으로 자금을 조달해
줄 수 있습니다(209쪽).

● 이런 종류의 재정적인 울타리 문제를 겪고 있는 사람을 목격한 것——
  또는 여러분 자신이 경험한 것——은 언제입니까?

● 여러분은 나름대로의 삶을 얼마나 잘 꾸려 나가고 있으며, 자기 자
  신의 실패에 대해서도 얼마나 잘 책임지고 있습니까? 여러분은 재
  정적으로 성인입니까? 재정 상태와 부모에 대한 여러분의 울타리는
  분명하게 세워져 있으며 또한 주의깊게 유지되고 있습니까?

울타리 갈등

엄마, 내 양말 어디 있어요?

만년 아동 신드롬에 걸린 사람은, 재정적인 독립을 한다 할지라도, 자기의 원가족이 삶을 대신 관리하도록 내맡겨 버리기가 쉽습니다(209-210쪽).

● 아직까지도 부모가 여러분을 대신해서 삶을 관리하도록 내버려두고 있는 부분이 있다면 어디입니까?

● 아직까지도 부모가 여러분을 대신해서 삶을 관리하도록 내버려 두고 있다면, 여러분이 다른 성인들과 맺는 관계는 역기능적인 관계일 수가 있습니다. 그 관계들을 한 번 평가해 보십시오. 여러분은 '골칫거리'(black sheep)가 되기로 작정했습니까? 여러분은 이성 친구나 일에 충실하지 못합니까?

● 여러분의 재정 상태는 어떻습니까? 그것이 미래에 대한 여러분의 생각과 계획 능력에 영향을 미치고 있습니까? 아니면, 본질적으로 여러분이 풋내기들의 재정적 삶을 살고 있기에, 지금 이 순간을 뛰어넘어 미래를 생각하는 일은 전혀 불가능한가요?

울타리와 여러분의 가족

셋은 너무 많습니다

역기능적인 가족은 삼각망이라고 하는 일정한 형태의 울타리 문제로 널리 알려져 있습니다. 이 삼각망이라는 것은, 두 사람 사이의 갈등을 해결하는 데 실패하여 제삼자를 끌어들이는 것입니다. 제삼자는 갈등과 아무런 상관도 없으면서, 서로 정직하게 대면하기를 두려워하고 있는 두 사람의 위안과 정당성 확인을 위하여 이용당하고 있습니다. 삼각 구조 속에서는, 사람들이 거짓되게 말을 합니다. 친절한 말과 수다로 자신의 증오를 숨기고 거짓된 말을 하게 됩니다. 험담은 그것과 관련된 사람들의 관계를 더더욱 좀먹는 짓이지요(에베소서 4장 25절 ; 210-212쪽).

● 여러분이 이 같은 삼각망에 연루되었던 것은 언제입니까? 여러분은 A, B, C 가운데 어느 쪽이었습니까? 만일 여러분의 가족이 이 같은 삼각망을 형성하고 있다면, 여러분은 어느 쪽에 속하는 편입니까?

● 여러분의 원 가족은 갈등을 해소하는 것과 분노를 풀어 버리는 것에 관하여 뭐라고 가르쳤습니까?

● 다음의 성경 본문들은 뭐라고 가르치고 있습니까?

  ● 레위기 19장 17절

  ● 잠언 28장 23절

  ● 마태복음 5장 23-24절

  ● 마태복음 18장 15절

  삼각망을 피할 수 있는 가장 간단한 방법은, 갈등을 느끼고 있는 그 대상과 직접적으로 대화를 나누는 것입니다. 그 사람에게 직접 이야기할 작정이 아니라면, 절대로 다른 사람들에게 그 사람에 관한 이야기를 꺼내지 마세요 *(212-213쪽)*.

● 여러분이 지금 당장 직접적으로 풀어야 할 갈등은 무엇입니까?

울타리와 여러분의 가족

여하튼, 여기 있는 아이는 누구인가요?

어떤 사람들은 생애 초기에 이미 부모를 책임져야 한다고 배웠습니다. 그들의 부모는 무책임이라고 하는 유치한 형태에 빠져 있었지요. 그들은 독립적인 삶을 살아 보려고 노력할 때마다, 자신이 이기적이라는 생각을 안 할 수가 없었습니다(213-214쪽).

● 여러분은 부모에 대하여 책임을 느끼고 있습니까? 그것은 건강하지 못한 책임입니까, 아니면 성서적이고도 건강한 책임입니까?

성경은 성인이 된 자녀들에게 나이든 부모를 돌보라고 가르치고 있습니다(디모데전서 5장 3-4절). 우리가 부모님께 감사한 마음을 갖고서 부모님이 우리에게 해주신 것들을 보답해 드리는 것은 좋은 일입니다(213-214쪽). 하지만, 여기에는 반드시 짚고 넘어가야 할 문제가 두 가지 있습니다.

● 여러분은 나이든 부모를 돌봐 드려야 할 입장에 있습니까? 만일 그렇다면, 다음과 같은 문제들에 봉착해 있지 않습니까?

● 여러분의 부모는 사실 도움이 필요 없는데도, 마치 순교자인 것처럼 행동하거나 마냥 요구만 해대는 사람입니까?

울타리 갈등

● 여러분은 자신이 줄 수 있는 것과 줄 수 없는 것을 결정하는 데 꼭 필요한 분명한 울타리를 갖지 못하고 있습니까?

● 왜 '튼튼한 울타리는 원망을 막아 주는지' 설명해 보십시오. 그리고, 자신의 원망 수준을 확인함으로써, 부모에게 쌓아둔 울타리, 또는 지금 다시 쌓고 있는 울타리들을 평가해 보십시오. 아니면, 혹시 여러분은 부모에게 전혀 아무 것도 베풀지 않고 있나요?

그렇지만, 난 네 형제잖니?

이 밖에도 울타리 결핍의 신호가 흔히 나타나는 곳은, 무책임한 성인아이(adult child)가 책임감있는 성인 형제자매에게 의존하는 행위입니다(214-215쪽).

● 여러분의 원가족에서도 이런 현상이 빚어지고 있습니까? 만일 그렇다면, 여러분은 어디에서 어떤 역할을 맡고 있습니까?

● 왜 곤경에 처한 형제자매가 가장 튼튼하게 쌓아 놓은 우리의 울타리까지도 허물어 버릴 수 있을까요?

●
울타리와 여러분의 가족

● 울타리 결핍의 신호들을 다시 한번 살펴보고, 여러분과 원가족 사이의 울타리가 어떤 상태에 있는가를 평가해 보십시오. 그 울타리가 제 몫을 다하고 있는 부분은 어디입니까? 좀더 분명한 울타리를 세우거나 좀더 굳건한 울타리를 유지해야 할 곳은 어디입니까?

그런데 왜 그런 걸까요?

도대체 왜 우리가 계속해서 이런 식의 가족 유형을 선택하는 걸까요? 그 이유 두 가지를 살펴보기로 하겠습니다(215쪽).

오래된 울타리 문제의 지속

이런 불건전한 유형들이 지속되는 한 가지 이유는, 우리가 원가족에게서 울타리 법칙을 배우지 못했다는 것입니다. 우리가 성인이 된 이후의 울타리 문제들도 사실은 아동기부터 죽 존재해 왔던 오래된 울타리 문제입니다 (215-216쪽).

● 여러분이 자라면서 집에서 익힌 다음의 양식들 가운데, 성인기까지도 똑같은 배우들과 더불어 지속되고 있는 유형은 어떤 것입니까?

- 무책임한 행동에 대한 결과가 부족함
- 정직하게 대면을 하지 못함
- 경계/한계를 정하지 못함
- 자기 자신이 아닌 다른 사람을 책임짐

- 지칠 때까지 순종과 원망으로만 일관함
- 질투
- 수동성
- 비밀

- 이제 여러분은 자신이 원가족을 상대로 울타리를 쌓기 위하여 투쟁하고 있다는 사실을 깨닫게 되었습니다. 그러면, 어떤 울타리 법칙이 파기되어 있는지를 확인하고(교재 제5장), 그 목록을 아래에 적어 넣으십시오.

- 위에 적어 넣은 법칙들이 파기된 결과, 여러분의 삶에 열린 부정적인 열매는 무엇입니까?

이러한 유형은 깊숙이 파고들어 갑니다. 여러분에게 삶을 체계화하는 방법을 가르쳐 준 가족 구성원들은, 존재 그 자체만으로도 여러분을 예전의 양식으로 되돌려보낼 수가 있습니다. 여러분은 성장이 아닌 기억에 입각하여 자동적으로 행동을 하게 됩니다. 변화를 이룩하기 위해서는, 여러분이 이 '가족의 죄'를 고백하고 회개해야 하며, 또 그것을 다루는 방법을 변화시켜야 합니다(출애굽기 20장 5절 ; 느헤미야 9장 2절). 그리고, 여러분은 이미 그것을 향하여 몇 발자국 다가서고 있습니다(216쪽).

울타리와 여러분의 가족

입양

　가족 구성원들과의 울타리 문제가 지속되는 또 한 가지 이유는, 우리가 성서적인 전통을 성인기까지 끌고 나가지 못한다는 것, 그리고 하나님의 가족(*family of God*)에 영적으로 입양될 수 없다는 것입니다(마태복음 23장 9절 ; 갈라디아서 4장 1-7절 ; 216-218쪽).

● 여러분은 아직까지도 이 땅의 부모에게만 전념하고 있습니까, 아니면 전적으로 하나님의 가족이 되어 그분의 방식에 따르고 있습니까? 여러분의 대답을 지지해 줄 만한 증거를 제시해 보십시오.

● 하나님의 방식에 따르는 것이 때로는 우리 가족과의 갈등을——심지어는 분리까지도——불러올 수 있습니다(마태복음 10장 35-37절). 하지만, 예수님은 우리의 영적 유대가 가장 중요한 것이라고 가르치고 계십니다(마태복음 12장 46-50절). 여러분은 그리스도를 향한 순종과 충성 때문에 원가족과의 관계에서 갈등을 겪어 본 적이 있습니까? 여러분은 원가족에게서 분리되어야 할 필요가 있었습니까? 만일 이 질문들에 대한 답이 '예'라면, 하나님께서 그동안 여러분을 어떻게 인도해 주셨는지, 그리고 어떻게 여러분을 붙들어 주고 계신지, 곰곰이 생각해 보십시오.

하나님의 가족 안에서 우리는 진실을 말해야 하고, 경계를 정해야 하고, 책임을 인정하는 동시에 요구해야 하고, 서로 정직하게 대면을 해야 하고, 서로 용서해야 합니다. 그처럼 강력한 표준과 가치가 이 가족을 유지시켜 줍니다. 그리고 하나님은 자신의 가족이 다른 법칙에 따르는 것을 결코 허락하시지 않을 것입니다(218쪽).

하지만, 하나님의 가족이 되었다고 해서 다른 유대 관계들을 모두 청산해야 하는 것은 아닙니다. 우리는 하나님의 가족 이외에도 친구들이 있어야 하고, 우리의 원가족과도 긴밀한 유대를 형성해야 합니다. 그렇지만, 먼저 우리는 두 가지 질문을 던져야 합니다(218쪽).

● 원가족이나 하나님의 가족 이외의 친구들과 맺은 유대 관계 때문에, 어떤 상황에서 올바른 행동을 하지 못하고 있는 것은 아닙니까? 그 사람들의 이름을 적고, 그들이 여러분에게 어떤 영향을 어느 정도로 미치는지 설명하십시오.

● 여러분은 원가족과의 관계에서 진정으로 성인이 되어 가고 있습니까? 만일 그렇다면, 성인다운 행동의 예를 몇 가지 들어 보십시오. 또 만일 그렇지 않다면, 자신이 성인답게 행동하거나 대접받지 못했다고 여겨지는 상황을 몇 가지 적어 보십시오. 그리고, 왜 자신이 완전하게 성숙할 수 없는지에 대해서도 이야기해 보십시오.

●
울타리와 여러분의 가족

만일 원가족과의 유대 관계가 진정 사랑의 관계라고 한다면, 우리는 분리되어 자유를 얻고 사랑으로, 그리고 '마음에 정한 대로' 베풀 수 있을 것입니다. 우리는 원망으로부터 멀리 떨어지게 될 것이고, 경계를 정해 놓고 사랑을 베풀게 될 것이며, 악한 행동일랑은 전혀 할 수 없게 될 것입니다(218쪽).

● 원가족 명단을 작성하고, 각 구성원과 여러분의 관계를 평가하십시오. 여러분은 분리되어 있습니까? 자유롭습니까? 여러분은 사랑으로, 그리고 '마음에 정한대로' 베풀고 있습니까(고린도후서 9장 6-7절)? 여러분은 분개의 감정을 회피하고 있습니까? 여러분은 경계를 정해 놓고 사랑하고 있습니까? 여러분은 자신이 사악한 행동을 하지 못하게 막고 있습니까?

만일 우리가 성인이 되어 '지도자와 관리자'의 품을 벗어나게 된다면, 우리 자신의 의지를 통제함으로써(고린도전서 7장 37절), 진실한 우리 성부의 다스림을 받는 참으로 성숙된 결정을 내릴 수 있을 것입니다(218쪽).

가족과의 울타리 문제 해결

원가족에 대하여 울타리를 쌓는 것은 매우 힘든 작업입니다. 하지만, 그만한 보상이 꼭 따르는 일이기도 하지요. 원가족에 대하여 울타리를 쌓는 일은 몇 가지의 뚜렷한 단계를 거쳐야 하는 과정입니다(218쪽).

증상을 밝혀내기

여러분 자신의 생활 환경을 잠시 동안 둘러보십시오.

● 부모님이나 형제자매와의 관계에 울타리 문제가 존재하고 있는 곳은
어디입니까?

● 어디에서 자신의 사유지에 대한 통제력을 상실하였습니까?

● 그렇게 통제력을 상실한 영역과 여러분이 자라난 가정은 어떤 관계
에 있다고 생각합니까?

갈등을 밝혀내기

이제, 어떠한 원동력이 작용하고 있는가를 살펴보십시오. 자신이 무슨 짓
을 저지르고 있는지 깨닫기 전에는 결코 이러한 원동력에서 벗어날 수 없습
니다. 먼저 자기 자신의 눈에서 '대들보'를 빼십시오. 그렇게 하면, 자신의
울타리가 침해당하고 있음을 알 수 있을 것입니다(마태복음 7장 1-5절 ;
219쪽).

●여러분이 범하고 있는 울타리 법칙은 무엇입니까? 여러분은 삼각망을 갖고 계십니까? 여러분은 형제자매나 부모에 대한(to) 책임을 지는 대신에 그들을 위한(for) 책임을 떠맡고 있습니까? 여러분은 결과를 부각시키고 그들로 하여금 자신의 행동으로 인한 결과를 책임지게 하는 데 실패했습니까? 여러분은 그들이나 갈등에 대하여 소극적이고 반동적인 자세를 취하고 있습니까?

갈등을 일으키는 필요를 밝혀내기

여러분은 아무런 이유도 없이 부적절한 행동을 취하는 것이 결코 아닙니다. 여러분은 종종 자신의 원가족이 채우지 못한 기본적인 필요들을 대신 채워 주려고 애쓰게 됩니다. 여러분은 이러한 결손 부분을 직시하고, 그것이 하나님의 뜻을 행하고 그분이 의도하신 대로 여러분을 사랑해 줄 수 있는 새로운 하나님의 가족 안에서만 채워질 수 있다는 사실을 인정해야 합니다(219-220쪽).

●여러분의 원 가족이 채워 주지 못한 필요는 어떤 것들입니까? 예를 들면, 사랑받고 싶은 것입니까? 인정받고 싶은 것입니까? 수용받고 싶은 것입니까? 이해받고 싶은 것입니까? 자유롭게 자기 자신이 되고 싶은 것입니까?

좋은 것들은 눈여겨 받아들이기

여러분이 필요로 하는 것을 이해하는 것만으로는 충분치 않습니다. 여러분은 그 필요를 충족시켜야 합니다. 하나님은 하나님의 백성을 통하여 여러분의 필요를 기꺼이 채워 주실 것입니다. 하지만, 여러분 자신도 겸손하게 좋은 후원 체계에 다가가기 위한 노력을 기울이고, 좋은 것들을 받아들여야 합니다. 하나님은 여러분 편에 서 계십니다. 사랑에 응답하고 그 사랑을 받아들이는 법을 배우십시오(고린도후서 6장 11-13절) —— 비록 처음에는 어색하게 느껴지겠지만, 곧 괜찮아질 것입니다(220쪽).

● 여러분의 후원 체계는 얼마나 튼튼합니까? 여러분 자신과 여러분의 필요, 그리고 좀더 확고한 울타리를 세우기 위한 여러분의 계획에 관하여 깨달은 것들을 함께 나눌 만한 사람이 곁에 있습니까(전도서 4장 9-12절을 읽어 보십시오)?

● 여러분은 왜 하나님이 여러분의 필요를 채워 주시기 위하여 예비해 두신 사람들에게 다가가기를 주저하고 있습니까? 근심과 걱정을 모두 하나님께 털어놓으십시오. 그리고, 여러분이 사람들에게 다가가는 동안 함께 해주시겠다는 그분의 약속에 귀를 기울이십시오.

● 여러분이 안으로 받아들일 수 있는 좋은 것들은 무엇입니까? 여러분

울타리와 여러분의 가족

의 투쟁에 관하여 하나님께 모두 아뢰십시오(물론 그분은 이미 알고 계시지만요!). 그리고, 하나님이 여러분을 사랑하신다는 점과, 여러분의 가족과 여러분의 세계에 유용한 좋은 것들을 여러분이 다 받아들이길 원하신다는 점을 기억하십시오.

울타리 기술 연마하기

여러분의 울타리 기술은 무너지기 쉽고 새로운 것입니다. 여러분은 그 울타리 기술을 힘겨운 상황에 직접 적용할 수가 없습니다. 울타리 기술을 존중해 주고 귀히 여길 수 있는 상황에서 먼저 연습을 해 보십시오. 울타리 기술을 연마하는 것도 신체적인 치료 과정과 똑같은 것입니다. 무거운 것을 집어들 수 있으려면, 먼저 건강을 증진시켜야 하는 것입니다(220-221쪽).

● '아니오'라는 말을 연습할 수 있을 만한 대상은 누구입니까? 여러분의 '아니오'를 존중해 주고, 또 아무런 조건 없이 계속해서 여러분을 사랑해 줄 수 있는 사람은 누구입니까? 이렇게 새로운 근육을 발달시킬 수 있는 기회를 놓치지 마십시오!

● '아니오'라는 말을 할 때 기분이 어땠는지, 상대방은 어떻게 반응했는지, 그리고 여러분이 깨달은 바는 무엇인지를 적어 보십시오. 자기가 하고 있는 일과 그 일을 하고 있는 이유에 대해서, 자신이 올바른 길을 걷고 있다는 확신이 들 정도로 어떤 사람에게 편안한 느

낌을 받은 적이 있다면, 그 경험에 관해 자세히 이야기해 보십시오.

나쁜 것들에는 '아니오'라고 말하기

일단 안전한 상황에서 새로운 기술을 연마하는 것 외에도, 해로운 상황을 회피하는 것 역시 중요합니다. 과거에 여러분을 학대하고 지배했던 사람들을 피하십시오. 마침내 여러분이 과거에 자기를 학대하고 지배했던 사람과의 관계를 재정립할 만한 준비가 갖추어졌다고 생각될 때, 그 때에는 친구나 후원 집단을 데리고 갈 수 있습니다. 지금 여러분이 회복되어 가고 있기는 하지만, 워낙 상처가 깊기 때문에, 적절한 도구를 취하기까지는 관계를 재정립할 수가 없습니다(221쪽).

● 다가오는 상황들 가운데서, 해로울 수도 있다고 보이는 상황은 어떤 것입니까? 그렇게 가학적인 상황 속으로 자신을 밀어 넣는 대신, 여러분은 무슨 일을 하겠습니까?

● 여러분이 좀더 튼튼한 울타리를 발달시키고 있는 동안에는 피하는 게 더 나을 것 같은 사람이 있다면 누구입니까? 과거에 여러분을 버리거나 지배했던 사람은 누구입니까?

●
울타리와 여러분의 가족

공격자를 용서하기

용서보다 더 울타리를 분명하게 해주는 것은 없습니다. 누군가를 용서해 주지 않으려 할 경우, 여러분은 여전히 그 사람으로부터 뭔가를 바라게 되며, 이 때문에 영원히 그 사람에게 매이게 됩니다. 가족 가운데 한 명을 용서하지 않으려 하는 것이, 기능 장애를 일으킨 자기 가족으로부터 독립하지도 못하고 여러 해 동안을 매여 살게 되는 주된 원인에 속합니다. 그런 사람들은 그 가족 구성원으로부터 여전히 무언가를 바라고 있습니다. 그러나, 이보다는 하나님의 은총을 받아들이는 것이 훨씬 더 좋습니다. 하나님께서는 우리에게 줄 수 있는 것들을 가지고 계시며, 빚을 갚을 돈이 없는 사람들도 용서하시는 분이십니다(마태복음 18장 21-35절).

● 여러분이 아직까지도 용서하지 않고 있는 사람은 누구입니까?

● 그 사람에게서 지금까지 바라고 있는 것은 무엇입니까? 사랑입니까? 잘못의 고백입니까? 사과입니까? 도대체 무엇을 바라고 있습니까?

잠시 조용히 기도해 보십시오. 여러분이 지금 보내고 용서하기 위하여 애쓰고 있는 것들을 하나님께 털어 놓으십시오. 용서하고픈 마음을 주시라고 간구해 보십시오. 용서할 수 있도록 가르쳐 주시라고 기도하십시오. 또 여

울타리 갈등

러분이 원가족과의 관계 속에서 여태껏 안고 살아온 상처들을 치유해 주시는 하나님의 은총을 받아들일 수 있도록 도와주시라고 기도하십시오. 공격자를 용서하는 순간, 여러분의 고난은 끝이 납니다. 하나님의 은총은 보상받고 싶은 욕구를 없애 주기 때문입니다. 보상받고 싶은 욕구는 아무 짝에도 쓸모 없는 욕구 —— 여러분의 소망을 보류시킴으로써 마음만 아프게 하는 욕구 —— 입니다(잠언 13장 12절). 이 욕구가 사라질 때, 여러분은 비로소 자유를 얻게 될 것입니다(221-222쪽).

반작용이 아니라 반응을 하기

어떤 사람의 말이나 행동에 대하여 여러분이 반응을 할 때, 여러분은 여전히 통제권을 쥐고, 임의로 선택을 하게 됩니다. 하지만, 어떤 사람의 말이나 행동에 반작용을 할 경우, 여러분의 울타리에는 문제가 생길 수도 있습니다. 만일 어떤 사람이 무슨 말이나 행동을 가지고 여러분을 혼란시킬 수 있다면, 그 사람은 그 순간 여러분을 지배하게 될 것이고, 여러분의 울타리는 무너져 버릴 것입니다(222-223쪽).

● 여러분이 어떤 말이나 행동에 반작용하도록 만들었던 사람은 누구입니까? 다시 말해서, 여러분에게 엄청난 통제력을 행사하고 있는 사람은 누구입니까?

만일 지금 자신이 반작용을 하고 있다고 여겨지면, 여러분이 원하지 않는 말이나 행동, 여러분의 분리를 침해하는 말이나 행동을 가족 구성원들이 여러분에게 강요하지 못하도록, 멀리 떨어져 있으십시오. 여러분이 반작용을

울타리와 여러분의 가족

한다면 그들이 지배권을 장악하게 될 것입니다. 반면에, 여러분이 반응을 한다면 여러분 자신이 지배하게 될 것입니다(갈라디아서 5장 23절 ; 135쪽).

● 여러분을 지배해 온 사람에 대하여 여러분의 울타리를 유지할 수 있게 된 것은 언제입니까? 무슨 일을 했습니까? 그 경험을 통해서 무엇을 배웠습니까?

죄책감이 아니라 자유와 책임 가운데 사랑하는 법 익히기

울타리는 결코 사랑을 그만두는 것이 아닙니다. 오히려, 여러분은 울타리를 통해서 사랑할 수 있는 자유를 얻게 됩니다. 물론, 다른 사람을 위하여 자기 자신을 부인하고 희생하는 것도 좋은 일입니다. 하지만, 그 쪽을 선택하도록 만들어 줄 울타리가 여러분에게는 꼭 필요합니다(223쪽).

● 가족과의 관계에서, 사랑이 아닌 죄책감 때문에 베푼 것은 언제입니까?

● 죄책감의 지배를 받은 그 관계에서 어떤 식의 울타리 침해가 발생했습니까?

방어적인 형태에 영원토록 머물러 있는 사람은 사랑과 자유를 놓치고 말 것입니다. 사실, 가장 좋은 울타리는 사랑이 넘치는 울타리입니다(223쪽).

울타리 갈등

● 울타리가 가져다주는 자유를 맛볼 수 있을 만큼, 마음에 정한 대로 베푸는 일을 실천할 수 있는 곳은 어디입니까?

원가족을 상대로 좀더 튼튼한 울타리를 발달시키는 동안 여러분이 염두에 두어야 할 것은, 여러분이 자유롭게 선택해서 누군가에게 호의를 베푸는 것은 상호 의존이 아니라 오히려 여러분의 울타리를 더더욱 강화시켜 주는 것이라는 점입니다(요한복음 13장 34-35절 ; 223-224쪽).

✠

기도

하늘에 계신 아버지, 하나님께서는 우리가 하나님과 하나님의 사랑에 관하여 배울 수 있는 장소로 가정을 만드셨습니다 ── 그렇지만 가족이 언제나 우리에게 그것을 가르쳐 주는 것은 아닙니다. 하나님은 우리가 하나님과 하나님의 사랑 대신 배울 수도 있는 역기능과 고통 · 거짓들을 모두 알고 계십니다. 하나님은 제가 성장한 가정의 유형을 다 알고 계시며, 우리가 울타리에 관해 배우지 못한 것들, 지금 꼭 배워야 할 것들이 무엇인지도 잘 알고 계십니다. 저를 가르쳐 주십시오. 제가 울타리를 명확하게 세울 수 있도록 도와주시고, 그 울타리를 좀더 잘 지켜 나갈 수 있도록 도와주십시오. 가족과의 울타리 문제를 해결하기 위하여 앞으로 한 걸음 더 나아갈 수 있는 용기와 지혜를 주십시오. 예수님의 이름으로 기도합니다. 아멘.

161

6

울타리와 여러분의 친구

우정이라는 단어는 두 사람 사이의 친밀감과 유대감, 그리고 두 사람이 서로 상대방에게 끌리게 된다는 이미지를 담고 있습니다. 하지만, 함께 하고픈 욕구에도 불구하고, 친구들은 여전히 울타리 갈등을 겪을 수 있습니다 *(225-226쪽)*.

짧은 목록

이 울타리 논의에서, 우리는 우정을 기능에 기초하지 않고 애정에 기초한 비낭만적인 관계라고 정의내리고 있습니다. 여기에서 우리는 직업이나 봉사처럼 일반적인 임무에 기초한 관계가 아니라, 그저 그 사람을 위하여 곁에 있어 주고 싶은 것만 우정이라 부르고 있습니다(요한1서 *4장 12절*;*225-226쪽*).

● 이 같은 우정의 정의를 읽고서 마음속에 떠오른 친구는 누구누구입니까? 목록을 작성해 보십시오.

●위에서 열거한 관계들 가운데, 마샤처럼, 늘 여러분 쪽에서 이끌어
 나가고 있다고 생각되는 관계는 어떤 것입니까?

●위에서 열거한 관계들 가운데, 여러분이 실질적인 상호성과 편안함
 을 느끼고 있는 관계는 어떤 것입니까?

●어떤 관계는 한 쪽으로 기울게 만들고 또 어떤 관계는 편안하고 안
 락하게 만드는데, 그 요인은 무엇이라고 생각하십니까? 앞으로 나가
 기 전에 먼저 여러분의 의견을 나누어 보십시오.

마샤가 깨달은 바와 같이, 그리고 어쩌면 여러분 자신도 깨닫고 있었겠지
만, 친구들과의 울타리 갈등은 그 크기와 형태가 천태만상입니다. 그러면,
다양한 쟁점들을 이해하기 위하여 지금부터 네 가지의 갈등을 살펴보고, 어
떻게 하면 울타리 안에서 그 갈등들을 해소할 수 있는지에 관해 알아보기로
하겠습니다. 여기에서 우리는, 여러분이 울타리를 어느 정도 세우고 있는지
가늠해 보고, 또 어떻게 하면 여러분이 원하는 지점에 도달할 수 있는지 알
려 주기 위하여, 울타리 점검 목록을 적용하려고 합니다(225-226쪽).

갈등 1 : 순종적인 사람/순종적인 사람

숀과 팀같이 순종적인 두 사람이 상호 작용을 해서 빚어지는 결과는, 어느 쪽도 진정으로 원하는 것을 할 수 없다는 것입니다. 둘 다 상대방에게 진실을 이야기하는 것을 두려워하고 있기 때문에, 그들은 결코 그럴 수가 없습니다(226-229쪽).

● 여러분이 숀/팀의 관계에 처했던 것은 언제입니까? 그 우정에 대하여 어떤 느낌을 갖고 있었는지 설명해 보십시오. 그리고, 지금은 그 우정이 어떤 상태에 있는지도 적어 보십시오.

● 138-39쪽에 있는 울타리 점검 목록을 다시 한번 들여다보십시오. 순종적인 사람/순종적인 사람의 우정에서 여러분이 밟을 수 있는 건전한 단계에 관하여, 이 여덟 가지 문항이 제시하고 있는 것은 무엇입니까?

● 언제 이 단계를 밟을 생각입니까? 그 때에 여러분이 기댈 수 있을 만한 후원 관계는 어떤 것입니까?

순종적인 두 사람이 자기가 좋아하는 것과 싫어하는 것을 좀더 솔직하게 드러낼 때, 그들은 서로에게서 좀더 분리되어 있는 자신을 발견하게 됩니다. 그들은 상이한 활동을 즐기는 상이한 친구들을 가지고 있다고 해서 관계가 손상되는 것은 결코 아니라는 사실을 명심해야 합니다 —— 긴 안목에서 보면, 오히려 그것이 우정에 도움이 될 수도 있습니다(잠언 18장 24절 ; 228-229쪽).

갈등 2 : 순종적인 사람/공격적인 지배자

순종적인 사람/공격적인 지배자 사이에 생겨나는 갈등을 보면, 순종적인 사람은 두 사람의 관계에서 자기가 더 열등하고 협박당하는 쪽이라고 생각합니다 ; 한편, 공격적인 지배자는 순종적인 사람의 잔소리에 자신이 염증을 일으키고 있다고 생각합니다(229쪽).

● 여러분이 순종적인 사람/공격적인 지배자의 관계에 처했던 것은 언제입니까? 그 우정에 대하여 어떤 느낌을 갖고 있었는지 설명해 보십시오. 그리고, 지금은 그 우정이 어떤 상태에 있는지도 적어 보십시오.

● 229-231쪽에 있는 울타리 점검 목록을 다시 한번 들여다보십시오. 순종적인 사람/공격적인 지배자의 우정에서 여러분이 밟을 수 있는 건전한 단계에 관하여, 이 여덟 가지 문항이 제시하고 있는 것은 무엇입니까? (이런 관계에서 불행을 겪는 것은 보통 순종적인 사람

●
울타리 갈등

쪽이기 때문에, 먼저 행동을 취해야 하는 것도 바로 순종적인 사람입니다.)

● 언제 이 단계를 밟을 생각입니까? 그 때에 여러분이 기댈 수 있을 만한 후원 관계는 어떤 것입니까?

순종적인 사람은 공격적인 지배자 친구와의 대결을 준비하는 과정에서, 먼저 그 친구의 지배가 자신에게 상처를 주는 동시에 둘의 우정까지도 해치고 있다는 점을 알리기 위하여 경계를 정해야 합니다. 그렇게 할 경우, 공격적인 지배자는 자신이 친구에게 안겨 준 고통 때문에 양심의 가책을 느끼게 되고, 또 자신의 행동이 빚어낸 결과를 직접 겪게 되며, 결국에 가서는 친구를 떠나게 만든 자신의 지배적인 태도에 관하여 책임을 질 수 있게 될 것입니다. 이 시점에서, 만일 두 친구가 모두 개방적인 인물이라면, 관계를 재조정하고 나아가 새로운 우정을 쌓을 수도 있습니다(잠언 27장 17절 ; 230-231쪽).

갈등 3 : 순종적인 사람/남을 교묘히 조종하는 지배자

남을 교묘히 조종하는 지배자도 물론 의식적으로 친구를 조종하려 들지는 않습니다. 하지만, 그 사람의 의도가 아무리 좋은 것이었다 할지라도, 난감한 상황에서 친구들을 이용한 건 틀림없는 사실입니다. 남을 교묘하게 조종

울타리와 여러분의 친구

하는 지배자는 친구들이 기꺼이 자기에게 호의를 베풀어 주어야 한다는 생각에서 당연하게 친구들을 이용합니다. 그렇지만, 사실은 그 친구들도 자신들의 분노를 억누르고 있는 것뿐이지요(232-233쪽).

● 여러분이 순종적인 사람/남을 교묘히 조종하는 지배자의 관계에 처했던 것은 언제입니까? 그 우정에 대하여 어떤 느낌을 갖고 있었는지 설명해 보십시오. 그리고, 지금은 그 우정이 어떤 상태에 있는지도 적어 보십시오.

● 233-234쪽에 있는 울타리 점검 목록을 다시 한번 들여다보십시오. 순종적인 사람/남을 교묘히 조종하는 지배자의 우정에서 여러분이 밟을 수 있는 건전한 단계에 관하여, 이 여덟 가지 문항이 제시하고 있는 것은 무엇입니까? (이 관계에서도 불행을 겪는 것은 보통 순종적인 사람 쪽이기 때문에, 먼저 행동을 취해야 하는 것 역시 순종적인 사람입니다.)

● 언제 이 단계를 밟을 생각입니까? 그 때에 여러분이 기댈 수 있을 만한 후원 관계는 어떤 것입니까?

울타리 갈등

자신이 충분히 강해졌다는 느낌이 들 경우, 순종적인 사람은 남을 교묘히 조종하는 지배자 친구에게 대항하게 됩니다. 자신이 이용당하고 착취당하는 것 같은 느낌을 갖고 있다고 이야기하고, 좀더 상호적인 관계를 맺고 싶다고 말합니다. 그렇게 할 경우, 여태껏 자신이 친구에게 얼마나 상처를 입혔는지도 모르고 있던 이 조종자는 정말 미안하게 생각하면서, 자신의 일정에 대하여 좀더 책임을 지게 됩니다. 결국, 이것을 계기로 그들의 우정이 더욱더 깊어지고 성장해 갈 수 있지요(잠언 10장 18절 ; 234쪽).

갈등 4 : 순종적인 사람/반응이 없는 사람

순종적인 사람/반응이 없는 사람 사이의 갈등을 보면, 한 쪽은 온갖 노력을 기울이는 반면 다른 한 쪽은 아무런 노력도 없이 순조롭게 나아가는 것을 알 수 있습니다. 한 쪽은 좌절감과 분개심을 느끼고 있는데 반하여, 다른 한 쪽은 문제가 무엇인지도 잘 모르고 있습니다(235쪽).

● 여러분이 순종적인 사람/반응이 없는 사람의 관계에 처했던 것은 언제입니까? 그 우정에 대하여 어떤 느낌을 갖고 있었는지 설명해 보십시오. 그리고, 지금은 그 우정이 어떤 상태에 있는지도 적어 보십시오.

● 235-237쪽에 있는 울타리 점검 목록을 다시 한번 들여다보십시오. 순종적인 사람/반응이 없는 사람의 우정에서 여러분이 밟을 수 있는 건전한 단계에 관하여, 이 여덟 가지 문항이 제시하고 있는 것은

●
울타리와 여러분의 친구

무엇입니까? (이 관계에서 불행을 겪는 것은 보통 순종적인 사람 쪽이기 때문에, 먼저 행동을 취해야 하는 것도 바로 순종적인 사람입니다.)

● 언제 이 단계를 밟을 생각입니까? 그 때에 여러분이 기댈 수 있을 만한 후원 관계는 어떤 것입니까?

순종적인 사람은 반응이 없는 친구에게 자신의 감정을 솔직히 털어놓고, 앞으로는 자신들의 우정에 대한 책임을 똑같이 나눠 가져야 할 것이라고 알림으로써 울타리를 세우기 시작합니다. 순종적인 사람은 반응이 없는 친구 쪽에서 먼저 전화를 걸어 주기를 바랍니다. 그래도 그 친구의 무반응이 계속된다면, 순종적인 사람은 이제 그 친구와의 관계가 상호적인 관계가 아니었음을 깨닫게 될 것입니다. 이 시점에서, 순종적인 사람은 몹시 슬퍼할 수도 있고, 그 슬픔을 딛고 일어서서 선택을 할 수도 있습니다. 이런 종류의 대면은 한 쪽으로 기울어 있는 우정을 적나라하게 드러내 주는 동시에, 좀 더 나은 우정을 다시 쌓을 수 있는 토양을 제공해 주기도 합니다(*갈라디아서 6장 5절 ; 235-237쪽*).

우정의 울타리 갈등에 관한 질문들

우정과 관련된 울타리 갈등을 겪고 있는 사람들은 자신의 우정에 대하여

울타리 갈등

울타리를 쌓고자 할 때, 대체로 다음과 같은 질문들을 제기하게 됩니다(237쪽).

질문 1 : 우정이 너무 빨리 깨지는 게 아닐까요?

결혼이나 직장이나 교회와는 달리, 우정이란 대개가 친구들을 한 데 엮어 줄 만한 외부적인 책임이 전혀 부과되지 않는 관계입니다. 그게 정말이라면, 우정은 울타리 갈등이 생겼을 때 쉽사리 깨져 버리는 게 아닐까요(237-238쪽)?

● 첫째, 결혼이나 직장이나 교회 같은 외적인 제도만이 관계들을 한데 엮어 주는 접착제는 아니라는 사실을 직시하십시오. 여러분 주변에서 이 사실을 뒷받침해 주는 증거를 본 것이 있다면 무엇입니까?

● 로마서 7장 19절은 우정의 토대를 오로지 책임에만 두려는 노력에 관하여 뭐라고 말하고 있습니까?

우리는 사랑이 넘치는 우정을 나누는 동안에도 나쁜 일들을 겪게 됩니다. 우리는 친구들을 의기 소침하게 만듭니다. 불쾌한 느낌을 갖게 됩니다. 그렇지만, 이런 식의 태도는 그저 공포만 일으킬 뿐이지, 결코 관계를 재정립해 주지는 못합니다. 우리는 하나님과 우리 친구들, 그리고 후원 단체들과의 관계를 여전히 지속시키고 있을 때라야만, 혹 울타리 문제가 발생하더라

울타리와 여러분의 친구

도 그 문제들을 견뎌내고 또 그 문제들과 부딪쳐 싸울 수 있는 은총을 차고 넘치도록 받을 수 있습니다(239-241쪽).

●로마서 8장 1절과 에베소서 4장 32절은 우정의 강력한 토대에 관하여 뭐라고 말하고 있습니까?

●여러분이 '예수 그리스도 안에서' 강력한 우정을 맺고 있었던 것은 언제입니까? 예컨대, 그것이 실망이나 상처나 배신 등의 폭풍우를 이겨내도록 도와준 것은 언제입니까?

●성경은 모든 책임이 사랑의 관계에 토대를 둔 것이라고 가르치고 있습니다. 우리는 사랑을 받을 때 비로소 책임과 계획적인 의사 결정으로 나아갈 수 있습니다――절대로 책임과 계획적인 의사결정이 사랑을 받게 만들어 주지는 못합니다. 하나님께 대한 여러분의 책임은 무엇에 기초를 두고 있습니까? 여러분이 먼저 하나님의 사랑을 받았다는 사실이 어떻게 해서 여러분을 하나님께 헌신하도록 만들었습니까?

●'모든 책임은 사랑의 관계에 토대를 둔 것'이라는 진리가 우정에 관

울타리 갈등

하여 여러분에게 개인적으로 해주고 있는 말은 무엇입니까?

우정이란 모름지기 일종의 의리보다는 애정에 토대를 둔 것이어야 합니다. 그렇지 않을 경우, 그 우정은 흔들거리는 기반 위에 서 있게 될 것입니다. 그리스도의 사랑에 뿌리를 내린 애정이야말로 그 어떤 애정보다도 강한 것이라 할 수 있겠습니다(240-241쪽).

● 우정이 결혼이나 교회나 직장처럼 제도화된 관계보다 더 깨지기 쉬운 것이라는 생각이 갖고 있는 두 번째 문제는, 그것이 결혼과 교회와 직장은 애정에 기초한 관계가 아니라고 하는 가정을 담고 있다는 거지요. 여러분 주변에서, 애정이 결혼과 교회와 직장 관계의 열쇠라는 증거를 찾아 볼 수 있는 곳은 어디입니까? 이혼율, 교회 출석 유형, 직장에서의 근무 태도 등에 관하여 생각해 보십시오.

● 여러분과 친구들의 관계를 지속시켜 주는 것은 무엇입니까? 그들의 선행입니까? 그들의 매력입니까? 여러분의 죄책감입니까? 여러분의 책임감입니까? 도대체 무엇입니까?

우리와 친구들을 묶어 주고 있는 유일한 끈이 우리의 선행이나 우리의 매

울타리와 여러분의 친구

력, 또는 친구들의 죄책감이나 책임감이 아니라고 하는 것은 무척 놀라운 사실입니다. 사실 우리의 친구들이 계속해서 우리에게 전화를 하고, 우리와 함께 시간을 보내고, 우리의 잘못을 참고 견뎌낼 수 있게 해주는 유일한 원동력은 바로 사랑입니다. 그리고, 그 사랑이야말로 우리가 결코 지배할 수 없는 유일한 대상입니다(240-241쪽).

● 여러분이 결코 통제할 수 없는 그 사랑을 신뢰할 수 있도록 지금 하고 있는 일은 무엇입니까? 친구의 사랑이 얼마나 긴밀한 유대감을 형성할 수 있는지 깨달을 수 있도록 도와 주고 있는 사람은 누구입니까?

● 친구들간의 우정이 얼마나 긴밀한 유대감을 형성할 수 있는지 가르쳐 주려고 애쓰고 있는 대상은 누구입니까?

● 사랑의 띠를 단단하게 만들기 위하여 어떤 일을 하고 있습니까?

애정에 기초한 삶 속으로 깊이 들어가면 들어갈수록, 우리는 진실한 사랑이 무엇인가를 깨닫게 됩니다(요한1서 4장 18절). 우리는 진실한 우정의 유대감은 쉽사리 깨질 수 없다는 사실을 알게 됩니다. 그리고 우리는 진실

●
울타리 갈등

한 우정이라면 관계를 해치는 것이 아니라 오히려 돈독하게 만들어 줄 그런 경계를 우리가 정할 수 있도록 도와 준다는 사실을 깨닫게 됩니다(240-241쪽).

질문 2 : 연인 사이에 어찌 울타리를 세울 수 있단 말입니까?

독신인 그리스도인들은 현재 사귀고 있는 연인에게 진실을 말하는 방법이나 경계를 정하는 방법을 익히는 일에 굉장히 애를 먹습니다. 대부분의 갈등은 관계가 끊어질지도 모른다는 두려움으로부터 생성되는 것들입니다(241쪽).

● 여러분은 지금 교제중인 이성에게 어느 정도 진실을 이야기하고 있으며, 또 어느 정도 경계를 세우고 있습니까?

이성 교제는 어떤 부류의 사람이 내 마음의 빈 자리와 내 삶의 반쪽을 채워 줄 수 있는지, 그리고 어떤 사람과 우리가 영적으로나 정서적으로 잘 어울리는지를 알아 보기 위한 방법입니다. 이러한 사실은 뿌리깊은 갈등의 원인이 됩니다. 우리는 이성 교제를 할 때, 언제든지 '이런 만남은 아무 소용이 없어요!'라고 말하고는 관계를 끝맺을 수 있는 자유를 가지고 있습니다. 물론 상대방도 똑같은 자유를 지니고 있습니다(241-242쪽).

● 이런 이유 때문에, 울타리 쌓기 기술을 배우기에 가장 적합한 장소는 비낭만적인 영역이 되는 것입니다. 여러분은 어디에서 울타리 쌓기 기술을 연습하고 있습니까? 이성 교제에 적용할 수 있을 만한 깨

울타리와 여러분의 친구

달음은 무엇입니까?

　일단 우리의 성서적 울타리를 인정하고, 쌓고, 유지하는 방법만 알게 되면 얼마든지 그것을 이성 교제에 적용시킬 수가 있습니다. 낭만적인 관계에서 경계를 세우고 진실을 말하는 것은, 서로가 어디에서 시작하고 어디에서 끝나는지를 알기 위하여 꼭 필요한 요소입니다(잠언 4장 23절 ; 243쪽).

●여러분은 지금 교제하고 있는 이성의 울타리를 얼마나 잘 알고 있습니까? 예를 들면, 그 사람은 '아니오'라는 말을 할 수 있습니까?

●그리고, 그 사람은 여러분의 울타리를 얼마나 잘 알고 있습니까? 그 사람은 여러분의 '아니오'를 잘 듣고 잘 받아들일 수 있습니까?

●그 사람과 여러분의 의견이 일치하지 않는 부분은 어디입니까?

●여러분 쪽에서 '아니오'라는 말을 하기가 어려운 때는 언제입니까?

울타리 갈등

질문 3 : 내 가족이 가장 친한 친구일 경우엔 어떤가요?

자신의 부모나 형제자매 이외에 친한 친구들의 모임도 필요하다는 생각을 전혀 하지 않는 사람들은, 가정의 성서적 기능을 오해하고 있는 사람들입니다(243쪽).

● 여러분은 가정의 역할이 무엇이라고 생각합니까? 하나님이 우리 원 가족에게 맡기신 역할은 무엇이라고 생각합니까?

하나님은 우리가 바깥 세상에서 필요로 하는 성숙함과 도구와 능력을 기를 수 있을 만한 인큐베이터로서 가족을 주셨습니다. 때가 되면 우리는 인큐베이터를 떠나(창세기 2장 24절) 자기 자신의 영성적·정서적 가족 체계를 형성해야 합니다. 물론 가족도 친구가 될 수 있습니다. 하지만, 만일 여러분이 가족 구성원들에 대하여 한번도 문제를 제기해 본 적이 없다거나, 울타리를 세워 본 적이 없다거나, 갈등을 겪어 본 적이 없다고 한다면, 지금 여러분은 가족과 성인 대 성인으로서의 관계를 맺고 있는 것이 결코 아닙니다(요한복음 2장 3-4절 ; 244-245쪽).

● 여러분은 가족이라는 인큐베이터를 떠났습니까? 하나님이 여러분에게 맡기신 일들을 자유롭게 행하고 있습니까——자유를 느끼고 있습니까? 여러분은 온 세상에 하나님의 사랑을 전파하고 또 사람들을 주님의 제자로 만듦으로써, 여러분을 위한 하나님의 목적을 성취하고 있습니까(마태복음 28장 19-20절)?

울타리와 여러분의 친구

● 앞의 질문들에 대하여 '예'라고 대답할 수 있다면, 이 질문들에 대해서도 답해 보십시오. 여러분은 원가족에게 어떤 경계를 세워 놓았습니까? 가족을 떠난 다음, 여러분은 어디로 헤치고 나아갔습니까?

● 만일 아직도 가족 이외에 '가장 친한 친구'를 한 명도 갖고 있지 못하다면, 여러분의 분리와 개별화를 막고 있는 것은 무엇일까요? 여러분은 혹 자율적인 성인이 된다는 것에 대하여 두려움을 느끼고 있지나 않습니까? 만일 그렇다면, 누구와 함께 그 같은 두려움을 조사할 생각입니까?

● 만일 아직까지도 여러분이 가정을 떠나지 못했다면, 지금 당장 쌓기 시작할 수 있는 경계는 무엇일까요?

질문 4 : 사정이 딱한 친구에게 어찌 경계를 정할 수 있겠어요?

교재에서 이 부분에 소개되었던 그 여성은, 친구들에게 경계를 정하는 일이 도저히 불가능해 보였습니다. 그녀의 친구들은 끊임없이 위기에 처해 있는 것 같았기 때문입니다. 대화를 통해서 우리는 그녀가 임무와 우정의 차이점에 대하여 한번도 생각해 본 적이 없는 사람이라는 점을 깨달았습니다.

울타리 갈등

그녀의 우정 개념은, 사정이 딱한 사람들을 찾아내어 그들과의 관계 속으로 뛰어드는 것이었습니다. 그녀는 정작 자기 자신을 위하여 무언가를 요청하는 방법은 전혀 모르고 있었지요. 그녀의 행동은 자기 비하 그 자체였습니다(야고보서 4장 2절 ; 245-246쪽).

● 여러분은 우정을 마치 임무처럼 대하고 있습니까——또는 그런 사람을 알고 있습니까? 이런 식의 우정 접근법에 관하여 설명해 보십시오.

● 여러분이 대행자·구제자, 부족한 것이 없는 강한 사람으로 행동하고 있는 관계는 어떤 관계입니까? 스스로 그런 역할을 택한 이유는 무엇이라고 생각합니까?

● 자기를 위하여 무엇을 요구할 수 있는 관계는 어떤 관계입니까? 지금껏 무엇을 요구하고 받았습니까?

● 아직도 자기에게 필요한 것을 편안하게 요구할 수 없는 처지라면, 이런 기술을 배우고 연습할 수 있을 만한 안전한 관계를 찾아 나서십시오.

울타리와 여러분의 친구

성경은 우리가 하나님께 받는 위로로써 환난 가운데 있는 모든 이를 능히 위로하라고 말하고 있습니다(고린도후서 1장 4절). 이 말은, 남을 위로할 수 있으려면 먼저 우리가 위로를 받아야 한다는 의미를 담고 있습니다. 다시 말해서, 우리가 친구들로부터 양육을 받을 수 있으려면, 먼저 우리의 임무에 대하여 울타리를 쌓아야 한다는 것이지요(246쪽).

● 이 장을 통해서 하나님은 울타리와 임무와 우정을 키우는 일에 관하여 여러분 개개인에게 뭐라고 말씀하십니까? 그리고, 여러분은 이 말씀에 대하여 어떤 반응을 보일 생각입니까?

기도하는 마음으로 여러분의 우정을 한번 들여다보십시오. 어떤 친구들에게 울타리를 쌓을 필요가 있는지 없는지를 결정할 수 있게 도와 주시라고 하나님께 간구해 보십시오. 울타리를 쌓는 일은 여러분의 우정을 돈독하게 해주고, 여러분의 이성 교제를 지도해 줄 것이며, 또한 인간 관계들 가운데 가장 친밀한 관계인 부부 관계에서도 여러분을 잘 이끌어 줄 것입니다(246쪽).

기도

하나님, 관계를 한데 엮어 주는 유일한 끈이 애정 그 자체라는 사실을 깨닫게 되니, 무척 놀랍습니다. 또 제 친구들이 저의 선행이나 매력, 또는 그들의 죄책감이나 책임감이 아니라 단지 사랑——제가 절대

울타리 갈등

로 통제할 수 없는 대상——때문에 제 친구로 남아 있다는 사실을 깨
닫게 되니, 정말 놀랍습니다. 사랑——하나님의 사랑과 제 친구들의
사랑——을 신뢰할 수 있도록 저를 가르쳐 주십시오. 제가 사랑 받고
싶은 그대로——하나님이 제게 베풀어 주신 무조건적이고 은혜가 충만
한 사랑을——친구들에게 베풀 수 있도록 저를 가르쳐 주십시오. 하나
님의 아들이시고, 저의 구원자이시며, 하나님의 사랑과 은혜에서 비롯
된 궁극적 선물이신 예수님의 이름으로 기도합니다. 아멘.

울타리와 여러분의 친구

7

울타리와 여러분의 배우자

울타리가 쉽사리 혼동될 수 있는 관계, 그것은 바로 남편과 아내가 의도적으로 '한 몸이 된'(에베소서 5장 31절) 결혼 관계입니다. 울타리는 분리를 가져 오기 마련인데, 결혼은 오히려 이러한 분리를 포기하고 둘 대신에 하나가 되는 것을 목표로 삼고 있기 때문입니다. 이 얼마나 혼동을 불러일으키기 쉬운 상태인가요! 사실, 결혼 생활에 실패하는 부부들을 보면 다른 어떤 이유보다도 울타리의 결핍 때문에 실패하는 부부가 많이 있습니다. 그러므로, 이 장에서는 울타리 법칙과 울타리 신화들을 결혼 관계에 적용시켜서 살펴보고자 합니다.

이게 당신 것인가요, 내 것인가요,
아니면 우리 것인가요?

결혼은 그리스도께서 자신의 신부인 교회와 맺고 계신 관계를 반영해 주는 것입니다(에베소서 5장 22-33절). 오직 그리스도만이 하실 수 있는 일이 있는가 하면, 오직 교회만이 할 수 있는 일이 있으며, 그리스도와 교회 둘이서 함께 할 수 있는 일도 있습니다(248-249쪽).

이와 마찬가지로, 결혼 관계에서도 한 쪽이 맡고 있는 의무가 있는가 하면, 다른 한 쪽이 맡고 있는 의무가 있고, 또 둘이서 함께 맡고 있는 의무도 있습니다(248-249쪽).

●여러분이 맡고 있는 의무는 무엇입니까?

●여러분의 배우자가 맡고 있는 의무는 무엇입니까?

●둘이서 함께 맡고 있는 의무는 무엇입니까?

●여러분의 경우, 이 같은 일의 분리가 얼마나 잘 이루어지고 있습니까?

결혼을 통해서, 부부는 자신의 개별적인 능력과 관심에 맞는 의무들을 이행하는 관계에 참여하게 되며, 또 저마다가 자기 자신의 삶을 지니게 됩니다. 울타리에 혼란이 생길 수 있는 부분은 바로 개인적 특질(*personhood*)

●
울타리 갈등

의 영역입니다 —— 이것은 저마다가 소유하고 있는 영혼의 구성 요소로서,
다른 어떤 사람과 공유하는 쪽을 택할 수도 있습니다. 한 쪽이 다른 한 쪽의
개인적 특질을 침해하여 감정이나 태도나 행동이나 선택이나 가치관을 지배
하려고 들 때, 이럴 때에는 문제가 발생하게 됩니다(248-249쪽).

감정

　두 사람 사이의 친밀감을 조장하는 가장 중요한 요소들 가운데 하나는 바
로 서로가 자기 자신의 감정에 대하여 책임질 수 있는 능력을 지니는 것입
니다. 우리는 보통 자신의 감정을, "나는……라고 여겨!"라는 말로 전달하
지 않습니다. 우리는 흔히, "난 슬퍼, 또는 난 마음이 아파, 또는 난 외로
워, 또는 난 무서워……"라는 말로 우리의 감정을 전달하기가 쉽습니다.
그리고, 이러한 취약성이야말로 친밀함과 돌봄의 시작이라고 할 수 있지요
(고린도후서 6장 13절 ; 249-250쪽).

● 여러분이 부부 관계에서 드러낼 수 있는 감정은 어떤 것들입니까?

● 드러내고 싶은 감정은 어떤 것들입니까?

● 여러분은 배우자에게 자신의 감정을 드러내기보다는, 어떤 행동을
　취하는 편입니까?

●
울타리와 여러분의 배우자

●그 행동이 여러분과 배우자의 관계에 미치는 영향은 어떻습니까?

●지금 이 순간 여러분 스스로가 책임지는 동시에 배우자와 나누어야
할 감정은 어떤 것들입니까?

욕구

감정과 마찬가지로, 욕구 역시 개인적 특질을 이루고 있는 구성 요소로서
저마다가 분명히 밝히고 책임질 필요가 있는 것입니다. 우리의 필요와 바람
에 대한 책임을 다른 어떤 사람에게 전가할 때, 그리고 우리의 좌절에 대하
여 그 사람에게 비난을 퍼부을 때, 그럴 때 문제는 발생하게 되는 것입니다
(야고보서 4장 26절). 결혼이란 곧 상반되는 바람들을 맞추어 나가는 것입
니다(251-253쪽).

●자신의 바람들을 스스로 책임지고 이루어 나가는 것, 이것이 삶의
법칙입니다. 수잔과 짐의 상황을 다시 한번 들여다보십시오. 이것이
여러분의 결혼 생활을 떠올리게 했다면, 그것은 어떤 상황입니까?

●여러분과 배우자가 서로 맞추어야 할 상반된 바람은 무엇입니까?

울타리 갈등

<h2 align="center">내가 줄 수 있는 것의 경계를 정하기</h2>

우리는 유한한 존재입니다. 그러므로, 우리는 언제 우리가 사랑하며 베푸는 일에서 원망하며 베푸는 일로 넘어가는가를 인식하고, "저마다 그 마음에 정한 대로" 베풀어야 합니다(고린도후서 9장 7절). 자기 쪽에서 경계를 정하지 못해 놓고는 괜히 다른 어떤 사람을 비난할 경우 문제가 발생합니다. 여러분의 배우자에게는 여러분의 경계에 대한 책임이 없습니다 ; 여러분의 경계에 대한 책임은 바로 여러분 자신에게 있습니다. 오직 여러분 자신만이 여러분이 줄 수 있는 것과 주고 싶은 것을 확실히 알고 있습니다. 또한, 오직 여러분 자신만이 그 선을 긋는 일에 책임을 질 수 있습니다. 만일 스스로가 그 선을 그어 놓지 않는다면 여러분은 금방금방 원망을 하게 될 것입니다(253-256쪽).

● 부부들은 종종 자신이 원하는 것보다 더 많은 것들을 베풀어 놓고서, 그것을 멈추게 하지 않은 데 대하여 상대방을 원망하는 수가 있습니다. 밥과 낸시의 상황을 들여다보십시오. 이것을 읽고 여러분 자신의 결혼 생활에서 떠오르는 유사한 상황이 있다면, 과연 어떤 상황입니까?

● 여러분이 배우자에게 줄 것들에 대하여 좀더 경계를 세워야 할 부분은 어디입니까?

울타리와 여러분의 배우자

● 배우자가 여러분의 바람들을 모두 이루어 주길 기대하는 대신, 여러 분 스스로 자신의 바람들을 책임져야 할 부분은 어디입니까?

울타리 법칙을 결혼 관계에 적용하기

교재 제5장에서 우리는 열 가지의 울타리 법칙에 관하여 논의했었습니다. 여기에서는 그 법칙들 가운데 몇 가지를 직접 문제에 부딪힌 부부들의 상황에 적용해 보기로 하겠습니다(256쪽).

뿌림과 거둠의 법칙

남편이나 아내 가운데 한 쪽이 무절제한 사람일 경우에는, 이렇게 무절제한 행동의 결과를 본인이 직접 겪지 않게 되는 일이 많습니다. 배우자가 직접 결과를 겪게 하는 것 ── 또는 여러분의 행동 때문에 빚어진 결과를 여러분이 직접 겪도록 허락받는 것 ── 은 결코 조종이 아닙니다. 오히려, 이것은 자기 스스로가 어떤 식의 대접을 받게 될 것인지 경계를 정해 두는 것과 자제력을 발휘하는 것에 대한 좋은 본보기입니다. 당연한 결과는 책임이 있는 사람의 어깨에 놓여져야 하는 것입니다(256-258쪽).

● 여러분의 행동들 가운데, 배우자 쪽에서 여러분이 직접 결과를 겪지 못하도록 막고 있는 행동은 무엇입니까?

●
울타리 갈등

●여러분의 배우자가 직접 결과를 겪도록 여러분이 허용해 주어야 할 행동들은 무엇입니까?

●여러분의 배우자가 자신의 행동 때문에 빚어진 결과를 직접 겪지 못하도록 여러분이 막고 있는 일은 무엇입니까?

책임의 법칙

경계를 정해 두고 있는 사람들은 자제력을 발휘하게 되며, 나아가 자신에 대한 책임도 질 수 있습니다. 경계를 정한다는 것은 곧 사랑의 행위입니다; 악을 묶어 두고 경계를 정해 둠으로써, 부부는 선을 지킬 수가 있습니다. 사랑하는 사람을 대신(for) 책임져 주거나 구출해 주는 것보다도, 우리 눈에 보이는 악과 그때그때 대면함으로써 그 사람에게(to) 책임을 일깨워 주어야 합니다. 가장 책임있는 행동들은 대체로 가장 어렵기 마련이라는 사실을 염두에 두십시오(258쪽).

●배우자를 지배하고픈 마음에서, 화를 내거나 샐쭉거리거나 실망을 그대로 드러내고 있는 부분은 어디입니까?

울타리와 여러분의 배우자

● 여러분이 배우자의 분노나 샐쭉거림 · 실망에 대한 책임을 고스란히
  떠맡음으로써 배우자가 느끼는 것들까지 책임지고 있는 부분은 어디
  입니까? 배우자를 구제해 주고 있는 부분은 어디입니까(잠언 19장
  19절을 읽어 보십시오)?

● 배우자에 대해(to) 책임을 지는 것과 배우자를 위해(for) 책임을
  지는 것의 차이점을 설명해 보십시오.

● 당장 여러분의 결혼 생활에서 책임을 일깨워 주어야 할 곳은 어디입
  니까? 지금 여러분의 눈에 보이는 악, 대항해야 할 악은 무엇입니
  까?

힘의 법칙

결코 다른 사람을 변화시킬 수는 없다고 하는 기본적인 무능력에 대하여
우리는 지금껏 살펴보았습니다. 결국, 잔소리만 해대는 것보다는 상대방을
있는 그대로 받아들이는 것, 상대방의 선택을 있는 그대로 존중해 주는 것,
그리고 상대방에게 적합한 결과를 안겨 주는 것이 훨씬 더 좋은 해결 방법
이라고 할 수 있겠습니다. 우리를 통제할 수 있는 사람은 오직 우리 자신뿐

울타리 갈등

입니다. *다른 어떤 사람을 지배하거나 억누르려는 노력은 아예 그만 두십시오(갈라디아서 5장 23절 ; 258-260쪽).*

● 여러분이 배우자에게 잔소리를 해대고 있는 문제는 무엇입니까?

● 위에서 제시한 해결 방법에 대하여 여러분은 어떻게 생각합니까? 여러분의 배우자는 어떤 결과를 직접 겪을 수 있을까요? 여러분의 잔소리로도 불가능했던 변화를 이 결과가 일으킬 수 있을까요?

● 258쪽에 있는 '울타리 이전'과 '울타리 이후'의 예들을 다시 한 번 들여다보십시오. 다음 번에 또 그런 상황이 발생하면, (이제껏 잔소리로 일관해 왔던) 배우자의 행동들에 대하여 여러분은 어떤 식의 접근을 펼칠 생각입니까? 울타리를 세우기 위하여 해야 할 말들을 한번 생각해 보십시오.

● 여러분이 잔소리를 듣고 있는 문제는 무엇입니까? 이 논의는 여러분이 변화되지 않고 있는 이유에 관하여 뭐라고 제시해 주고 있습니까? 여러분의 배우자가 튼튼한 울타리를 세울 수 있으려면, 어떤 결과가 변화를 가져올 수 있다고 생각합니까?

●
울타리와 여러분의 배우자

평가의 법칙

여러분이 남편이나 아내와 대결하고 울타리를 쌓기 시작하는 순간에는 상대방이 상처를 입을 수도 있습니다. 여러분의 울타리 쌓기가 배우자에게 안겨 준 고통을 평가할 때에는, 사랑과 경계가 조화를 이루어야 한다는 사실을 꼭 명심하십시오(히브리서 12장 11절). 울타리를 쌓는 동안에도, 고통받고 있는 그 사람에 대하여 애정을 갖고 책임을 다하십시오(260쪽).

● 여러분이 울타리를 쌓기 시작하면 배우자 쪽에서 어떤 반응을 보이리라 생각됩니까? (현명하고 사랑이 많은 배우자라면, 여러분의 울타리를 인정하고 그 울타리에 대하여 책임있는 행동을 취할 것입니다. 그렇지만 지배적이고 자기 중심적인 배우자라면 우선 화부터 내고 보겠죠.) 그리고, 여러분이 예상하고 있는 그 반응에 대하여 어떻게 응답하고 싶은가요?

● 어쩌면 여러분은 이미 울타리 쌓기를 시작했을 수도 있습니다. 만일 그렇다면, 여러분의 배우자는 어떤 반응을 보였습니까? 그리고, 그 반응에 대하여 여러분은 어떻게 응답했습니까? 원래는 어떻게 응답하고 싶었습니까?

울타리라는 것은 언제나 다른 사람이 아닌 여러분 자신을 다루고 있다는

울타리 갈등

점을 명심하십시오. 여러분은 배우자에게 무슨 일을 강요할 수 없습니다 ──
심지어는 여러분의 울타리를 존중해 달라고 요구해서도 안됩니다. 여러
분은 자신이 할 일과 하지 않을 일을 말하기 위하여 울타리를 쌓고 있습
니다.

● 배우자의 울타리를 생각할 때에도 이 사실을 꼭 명심하십시오. 여러
　분이 좀더 존중해 주어야 할 배우자의 울타리는 무엇입니까?

● 그리고, 여러분을 좀더 책임감이 강한 사람으로 만들어 줄 수 있는
　행동은 어떤 것입니까?

노출의 법칙

　다른 관계들과 달리, 결혼 관계에서는 더더욱 절실하게 여러분의 울타리
를 드러내야 합니다. 물러나 버린다거나, 삼각망을 형성한다거나, 뿌루퉁해
져 있다거나, 외도를 한다거나, 수동적 ──공격적 행위를 한다거나 하는
소극적인 울타리들은 관계에 지극히 파괴적인 영향을 미칠 뿐입니다(261
쪽).

● 여러분이나 배우자가 소극적으로, 따라서 파괴적으로 자신의 울타리
　를 드러내고 있는 부분은 어디입니까? 앞에서 열거한 소극적 울타

울타리와 여러분의 배우자

리들에 관하여 생각해 보십시오.

　울타리는 우선 말로써, 그리고 그 다음에는 행동으로써 전달되어야 합니다. 울타리는 명확해야 하며, 변명을 해서는 안 됩니다. 우리가 앞에서 목록을 작성했던 여러 유형의 울타리들은 결혼 관계에서 시시각각 존중받고 드러나야 하는 것들입니다(261-264쪽).

● **피부** : 신체적 울타리의 침해는 상대방을 해치는 애정 표현에서부터 신체적인 학대에 이르기까지 그 범위가 아주 넓습니다. 여러분이 대접받고 싶은 대로 배우자를 대접하지 않고 있는 부분은 어디입니까? 여러분이 대접받고 싶은 대로 배우자가 대접하지 않고 있는 부분은 어디입니까? 배우자가 존중해 주기를 바라는 자신의 울타리를 밝히기 위하여 여러분은 무슨 말을 할 생각입니까?

● **언어** : 여러분의 배우자와 직접적으로 대결하기를 주저하고 있는 문제는 무엇입니까? "그건 불편한 것 같아요," "난 하고 싶지 않아요," "안하겠어요"라고 말해야 할 부분은 어디입니까? 배우자가 여러분에게 그런 말을 한다면 여러분은 어떤 반응을 보이고 싶습니까?

울타리 갈등

● **진실** : 배우자에게 정직하게 말하지 못하고 있는 부분은 어디입니까? 배우자가 하나님의 표준들 가운데 하나를 범하고 있을 때, 여러분이 그 사실을 깨우쳐 주어야 할까요(에베소서 4장 25절)? 여러분은 자신의 감정과 상처에 관해서도 사실을 인정하고, 그 감정을 배우자에게 사랑으로 전달해야 할까요?

● **물리적 공간** : 여러분은 결혼 생활을 하면서, 자신의 보물을 지키기 위하여 해로운 상황으로부터 스스로를 격리시키고 있습니까? 잠시 떨어져 있을 시간이 필요할 경우, 여러분은 그것이 배우자의 무절제한 행동 때문에 빚어진 결과라는 사실을 알려 주는 편입니까(마태복음 18장 17절 ; 고린도전서 5장 9-13절), 아니면 배우자 혼자서 추측하도록 내버려 두는 편입니까? 만일 여러분이 배우자의 자리에 서 있다면, 어떤 대접을 받고 싶어할까요? 다음 번에 또 그런 공간이 필요해지면 뭐라고 말할 생각입니까?

● **정서적 거리** : 만일 여러분이 문제가 많은 결혼 관계 때문에 상처를 입었다면, 다시 상대방을 믿을 수 있게 될 때까지 기다리는 것이 현명한 처사입니다. 여러분은 자신의 배우자가 진심으로 뉘우치고 있는지를 확인해야 하며, 단지 말만이 아닌 행동으로 판단해야 합니다 (야고보서 2장 14-26절). 여러분 곁에서 같이 기도해 주고, 여러분이 기다리는 동안 후원해 줄 수 있는 사람은 누구입니까?

울타리와 여러분의 배우자

● **시간** : 여러분은 배우자가 책임지고 자신을 돌볼 수 있도록 시간을
주고 있습니까? 여러분 자신을 위한 시간을 갖고 있습니까? 배우자
와 떨어져 있는 동안에 여러분에게 활력을 불어넣어 주고, 또 결혼
생활로 되돌아갈 때 가지고 갈 만한 것들을 제공해 주는 것으로는
어떤 게 있습니까?

● **다른 사람** : 만일 여러분이 지금 결혼 생활에 울타리를 쌓는 방법을
배우고 있는 중이라면, 여러분을 도와주고 필요한 것들을 후원해 주
고 있는 사람은 누구입니까? 아직까지도 상담가나 후원 집단을 발
견하지 못했다면, 언제 찾아 나설 생각입니까? 무엇이 여러분을 가
로막고 있습니까?

● **결과** : 배우자가 직접 겪도록 내버려 두어야 할 결과는 어떤 것들입
니까? 결혼 생활에 좀더 튼튼한 울타리를 쌓기 시작한 지금, 여러분
이 똑똑히 설명해 주어야 할 결과는 무엇입니까?

하지만 그건 순종적인 것 같지가 않군요

우리가 아내의 경계 정하기에 관하여 이야기할라치면, 성서적인 순종 개

울타리 갈등

넘에 관하여 묻는 사람이 꼭 있습니다(264-266쪽).

● 여러분은 순종을 어떻게 이해하고 있습니까?

● 에베소서 5장 21절을 읽어 보십시오. 이 구절은 누가 누구에게, 왜 순종해야 한다고 가르치고 있습니까?

● 에베소서 5장 24-27절에서 찾아 볼 수 있는 순종의 묘사는 어떤 것 입니까?

● 다음의 질문들은 통하여 여러분의 결혼 생활을 평가해 보십시오(배 우자와 함께 한다면 더할 나위 없겠죠) :

● 남편과 아내의 관계는, 그리스도와 교회의 관계와 유사한 것입니 까? 유사하다면 어디가 유사하고 다르다면 어디가 다릅니까?

● 아내는 자유로운 선택을 할 수 있습니까, 아니면 "율법 아래 매여

●
울타리와 여러분의 배우자

있는” 노예로서, 성경에서 율법이 가져오리라고 약속한 진노, 죄책감·불안정·소외감 등의 온갖 감정들을 다 경험하고 있습니까(로마서 4장 15절 ; 야고보서 2장 10절 ; 갈라디아서 5장 4절)?

● 남편은 아내에게 은총과 무조건적인 사랑을 제공합니까?

● 아내는 “결코 정죄함이 없는” 자리에 서 있을까요(로마서 8장 1절), 아니면 남편이 온갖 죄책감으로부터 “그녀를 씻기는” 데 실패한 것일까요(에베소서 5장 26절을 참고하십시오)?

우리가 배우자를 은총과 무조건적인 사랑으로 사랑하고 있다고 여기고 있는 동안, 정작 우리의 배우자는 어떤 것들을 경험하게 될까요? 배우자가 하는 말에 귀를 기울이십시오(266쪽).

● 에베소서 5장 28-29절을 읽어 보십시오. 이 구절들은 마치 노예처럼 복종한다는 개념을 어떻게 무너뜨리고 있습니까?

울타리 갈등

그리스도께서는 결코 우리의 뜻을 꺾어 버리거나 우리에게 해가 될 만한 일을 강요하지 않으십니다. 그리스도께서는 결코 우리의 경계를 침범해 넘어오지 않으십니다. 그리스도께서는 결코 우리를 물건처럼 이용하지 않으십니다. 그리스도께서는 우리를 위하여 자신을 내어 주셨습니다. 그리스도께서는 마치 자신의 몸처럼 우리를 돌봐 주십니다(266쪽).

우리는 '지배의 문제'가 저변에 깔려 있지 않은 '순종의 문제'는 한번도 보지 못했습니다.

● 이것이 중요한 까닭은 무엇입니까?

● 아내가 지배적인 남편에게 확고한 울타리를 쌓기 시작할 때, 그리고 자기에게 상처를 주는 행동에 대하여 성서적인 경계를 세우기 시작할 때, 그 지배적인 남편은 어떤 행동을 할 것이라고 생각됩니까?

이렇게 부부가 서로 울타리를 쌓을 때, 그 결혼 관계도 성장하고 발달할 수 있습니다(266쪽).

균형의 문제

결혼 관계에서는 여러 가지 차원이 균형을 이루고 있어야 합니다. 균형이 상호적이지 않을 때에는 문제가 발생하기 마련입니다. 메러디스와 폴의 경우를 기억하고 있습니까? 메러디스는 남편과 함께 있기를 원했고, 폴은 아내와 떨어져 있기를 원했습니다. 그들은 서로에 대한 책임을 지지 않았습니다(267쪽).

● 여러분의 결혼 관계는 상호적인 균형을 이루고 있습니까?

● 한 쪽만이 언제나 힘을 행사하고, 다른 한 쪽은 무력하게 있습니까?

● 한 쪽만이 언제나 강하고, 다른 한 쪽은 언제나 약합니까?

● 메러디스와 폴의 경우처럼, 한 쪽은 언제나 연합을 원하고 나머지 한 쪽은 언제나 분리를 원합니까?

● 한 쪽은 언제나 성관계를 원하고, 나머지 한 쪽은 언제나 원하지 않습니까?

●
울타리 갈등

여러분이 동등한 관계를 맺고 있지 못하다면, 그것은 여러분에게 울타리가 결핍되어 있다는 증거일 수 있습니다. 울타리는 불균형을 고칠 수 있습니다. 예를 들면, 폴도 메러디스의 요구에 대하여 울타리를 세움으로써, 메러디스가 좀더 독립적인 사람이 될 수 있도록 만들었습니다(267-270쪽).

● 이 밖에도, 여러분의 결혼 관계에서 상호 균형을 이루지 못하고 있는 문제는 무엇입니까? 자녀를 양육하는 문제입니까? 돈을 사용하는 문제입니까?

● 여러분이 울타리를 세워야 할 부분은 어디입니까? 울타리를 세우기 위해, 맨 처음 무슨 일을 할 생각입니까?

문제를 발견하기는 쉬워도, 변화를 일으킬 수 있는 힘겨운 선택과 위험을 감수하기란 여간 어려운 일이 아닙니다(270쪽).

문제 해결

그러면, 지금부터 부부 관계에서 개인적인 변화를 일으키기 위한 몇 가지 단계를 살펴보기로 하겠습니다. 여러분의 결혼 생활에서 발생하는 온갖 울타리 갈등을 이 아홉 단계를 거쳐서 해소해 보십시오(270-273쪽).

울타리와 여러분의 배우자

● 증상의 목록 작성 —— 문제가 무엇입니까? 여러분과 배우자는 그 문제를 풀기 위하여 뭔가 조처를 취해야 한다는 점에 동의하고 있습니까?

● 특정 울타리 문제 확인 —— 위에서 밝힌 증상의 배후에는 어떤 울타리 문제가 놓여 있습니까? '아니오'라고 말하는 데 문제가 있는 사람은 누구입니까? '아니오'라는 말을 듣는 데 문제가 있는 사람은 누구입니까?

● 갈등의 원인 밝히기 —— 원가족 안에서 경험했던 것, 그리고 원 가족에게서 배웠던 것들 가운데 지금의 결혼 생활에까지 이어지고 있는 것은 무엇입니까? 예를 들면, 어떤 두려움이나 기대나 신념의 상실이 여러분과 배우자의 관계에 영향을 미치고 있습니까?

● 좋은 것들은 받아들이기 —— 여러분에게 필요한 힘을 제공해 주고 있는 후원 체계는 무엇입니까(전도서 4장 12절)? 울타리를 발달시키는 동안에 여러분이 도움을 청하러 갈 수 있는 곳은 어디입니까?

●
울타리 갈등

●연습——여러분의 새로운 울타리를 연습할 수 있을 만한 안전한 사람은 누구누구입니까? 언제 그들에게 '아니오'라고 말한다거나, 다른 의견을 이야기한다거나, 또는 무언가 돌려 받으리라는 기대 없이 어떤 걸 베풀 생각입니까?

●나쁜 것들에는 '아니오'라고 말하기——여러분의 결혼 관계에서 경계를 세울 필요가 있는 나쁜 것들——학대나 부당한 요구——은 무엇입니까? 달란트의 비유(마태복음 25장 14-30절)를 명심하십시오: 위험이나 두려움에 맞서지 않고서는 성장도 결코 있을 수 없습니다.

●용서——용서를 하지 않는 사람들은 다른 사람의 지배를 스스로 받는 사람들과도 같습니다. 여러분이 용서하지 못하는 까닭에, 결국은 여러분을 지배하도록 허용하고 있는 대상은 누구입니까?

●순행적인 사람이 되는 것——배우자가 지배하도록 내버려 두지 말고, 분명한 울타리를 정하십시오. 여러분이 하고 싶은 일은 무엇입니까? 그 목표에 도달하기 위하여 무슨 일을 할 생각입니까? 관계의 무절제한 영역에 대하여 여러분의 경계는 어떤 조처를 취할까요? 스스로가 어느 편에 서는 것을 더 이상 허용하지 않을 생각입니

울타리와 여러분의 배우자

까? 무엇을 더 이상 참지 않을 생각입니까? 어떤 결과가 주어질까요?

● 자유와 책임 안에서 사랑하는 법 배우기―― 울타리의 목표는 자유로부터 우러나오는 사랑입니다. 여러분은 친구를 위하여 "[여러분의] 목숨을 버리고," 또 그리스도께서 그러신 것처럼 남을 섬기는 쪽을 자유로이 선택할 수 있습니다(요한복음 15장 13절). 아직까지도 죄책감이나 책임감 때문에, 또는 되돌려받기를 바라는 자기 중심적인 마음 때문에, 또는 울타리가 결여된 순종 때문에, 남에게 베풀고 있는 부분은 어디입니까? 순전히 여러분이 원해서 무언가를 줄 수 있는 사람은 누구입니까(자세히 적어 보세요)? 그렇게 하십시오! 이러한 연습을 통해서 여러분은 자유로이 사랑하는 법을 익힐 수 있을 것입니다.

확고한 자기 울타리를 쌓고 또 배우자의 울타리를 받아들이는 것은 우리를 훨씬 더 친밀한 관계로 이끌어 줍니다. 이제는 매우 가치있는 보상이 따르리라는 점도 알게 되었으니, 위험을 감수하십시오(273쪽).

울타리 갈등

인자하시고 관대하신 하나님, 하나님 안에서 둘이 한 몸이 되어 가는 이 연속적인 과정, 곧 결혼이라는 선물을 주시니, 정말 감사합니다. 저의 결혼 생활에 함께 하셔서, 남편/아내의 개인적 특질을 존중할 수 있도록 가르쳐 주십시오. 그리하여 우리가──건전치 못하게 빠져드는 것이 아니라──경건한 합일을 이룸으로써 하나님께 영광을 돌리게 해 주십시오. 정직해지는 방법, 그리고 저의 감정과 욕구·태도·행동·선택·가치·경계를 책임질 수 있는 방법을 가르쳐 주시고, 제가 고통 가운데 남편/아내의 결과와 대면하는 순간에도 여전히 사랑하는 마음으로 남편/아내에 대한 책임을 다할 수 있도록 가르쳐 주십시오. 제 울타리를 분명하게, 그리고 변명 없이 전달할 수 있도록 도와 주시고, 그것을 행동으로 뒷받침할 수 있도록 도와주십시오. 이제 저는 하나님께서 함께 하시리라는 것을 잘 압니다. 제가 결혼 관계에서 감수해야 할 위험들을 모두 이겨낼 수 있도록 도와주십시오. 예수님의 이름으로 기도합니다. 아멘.

8

울타리와 여러분의 자녀

울타리가 무척 중요한 모든 영역들 가운데서 자녀 양육만큼이나 의미있는 영역도 없습니다. 우리가 어떤 식으로 울타리와 자녀 양육에 접근하느냐에 따라서 우리 아이들의 성격 —— 어떤 가치를 발달시키느냐, 학교 생활을 얼마나 잘해 나가느냐, 어떤 친구를 사귀느냐, 누구와 결혼하느냐, 그리고 직장 일을 얼마나 잘해내느냐 —— 도 판이하게 달라집니다(275-277쪽).

가족의 중요성

우리의 창조자이시며 사랑이신 하나님(요한1서 4장 8절)은, 하나님을 사랑하는 —— 그리고 서로서로 사랑하는 —— 존재들로 하나님의 우주가 가득차게 되기를 바라고 계십니다(168쪽).

하나님께서는 처음에 이스라엘을 하나님의 자녀로 선택하셨습니다. 그렇지만, 몇 백 년에 걸친 이스라엘의 반항 뒤에 하나님은 교회를 선택하셨습니다. 하나님의 사랑과 인격을 배가시키는 역할을 맡고 있는 그리스도의 몸이 종종 가정으로 묘사되기도 하지요(278쪽).

● 로마서 11장 11절에서 바울은 하나님의 선택에 관하여 뭐라고 가르치고 있습니까?

● 이 땅에 있는 그리스도의 몸에게 하나님이 맡기신 역할은 무엇입니까? 마태복음 28장 19-20 ; 요한복음 17장 21절 ; 사도행전 1장 8절 ; 고린도전서 5장 11-13절을 읽어 보십시오.

● 다음 본문들은 하나님의 가족에 관하여 뭐라고 말하고 있습니까?

 ● 갈라디아서 6장 10절

 ● 에베소서 2장 19절

 ● 디모데전서 3장 15절

●
울타리 갈등

하나님께서 '가정을 어떻게 생각하고 계시는지를' 보여 주는 힘있는 본문들은 이외에도 많이 있습니다. 하나님께서는 자신의 마음을 부모의 심정으로 설명하십니다. 하나님은 '아빠'이십니다. 그리고, 하나님은 자신의 일을 좋아하십니다(278-279쪽).

● 언제, 어떻게 교회가 여러분의 가족이 되었습니까? 교회가 어떻게 실망이나 고통의 원인이 되었습니까? 하나님은 교회를 통하여 어떻게 여러분을 사랑하셨습니까?

이렇듯 성서적인 하나님 묘사는, 부모 역할이란 곧 우리 아이들을 통해서 이 행성에 하나님 자신의 성격을 드러내시려는 무척이나 중요한 역할임을 잘 가르쳐 주고 있습니다(278-279쪽).

울타리와 책임

좋으신 부모인, 우리 하나님은 우리 —— 하나님의 자녀 —— 가 성장하도록 도와주길 원하십니다(279쪽). 우리는 주님 안에서 성장해 가는 동안, 우리 삶을 책임지는 방법을 익히게 됩니다. 이와 마찬가지로, 우리 역시 자녀에게 책임을 가르쳐야 합니다. 자녀가 강한 애착을 형성하는 —— 긴밀한 유대감을 형성하는 —— 방법을 익힐 수 있도록 도와주는 것 다음으로 중요한 것은, 바로 자녀에게 책임감을 심어 주는 것 —— 무엇이 자기의 책임이고 무엇이 아닌지를 알게 하는 것, '아니오'라는 말을 하고 또 '아니오'라는 말을 받아들일 수 있는 능력을 키워 주는 것 —— 입니다(279쪽).

울타리와 여러분의 자녀

● 에베소서 4장 13절에 따르면, 하나님은 하나님의 자녀인 우리에게
어떤 목표를 갖고 계십니까?

● 여러분은 어렸을 적에 울타리에 관하여 무엇을 배웠습니까? 울타리
를 미워하라고 배웠습니까? 두려워하라고 배웠습니까? 존중하라고
배웠습니까? 발달시키라고 배웠습니까?

● 다른 사람이 여러분에게 경계를 세울 경우, 여러분은 어떤 반응을
보였습니까? 불끈 화를 내거나 부루퉁해졌습니까? 평화를 깨뜨리지
않으려고 무조건 순종했습니까?

● 여러분의 자녀는 지금껏 울타리에 관하여 무엇을 배워 왔습니까?

● 여러분의 자녀는 다른 사람들이 자기에게 경계를 세울 경우 어떤 반
응을 보입니까? 불끈 화를 내거나 부루퉁해집니까? 평화를 깨뜨리
지 않으려고 무조건 순종합니까?

울타리 갈등

이제 여러분은 자녀뿐만 아니라 여러분 자신까지도 울타리 작업 —— 자신의 울타리를 발달시키는 동시에 다른 사람들의 울타리를 존중하는 작업 —— 을 해야 할 필요가 있다는 사실을 깨달았을 것입니다. 성인에게 적합한 과정을 다시 배운다는 것은 정말로 고되고 힘든 작업이라는 사실을 잊지 마십시오(279-280쪽)!

울타리 치기와 고치기

자녀를 다 키운 한 나이든 어머니가 하루는 자기보다 나이가 적은 친구 한 명이 아이 혼자서 의자에 앉도록 만들려고 애쓰고 있는 모습을 보더니, 현명하게도 이렇게 말했습니다. '얘, 지금 그렇게 하렴. 지금 아이를 훈련시켜야 돼 —— 그래야 이 아이가 청년이 되었을 때에도 네가 무사히 살아 남을 수 있어.' 아주 어렸을 적에 울타리를 발달시키는 것이야말로 바로 저 유명한 예방책이지요. 만일 우리가 일찍부터 책임감, 경계 정하기, 만족 늦추기 등을 가르친다면 우리 아이들의 나머지 삶은 훨씬 더 순탄해질 것입니다(잠언 22장 6절 ; 280쪽).

● 여러분의 청소년 시절을 떠올려 보십시오. 그리고 가능하다면, 아동기까지도 거슬러 올라가 보십시오. 여러분의 청소년기는 여러분이 아주 어렸을 적에 훈련받았거나 훈련받지 않은 것들에 따라 예측할 수 있는 것이었습니까? 여러분이 어렸을 적에 배웠거나 배우지 않은 것들이 어떻게 청소년기에 영향을 미쳤는지 설명해 보십시오.

울타리와 여러분의 자녀

● 책임감, 경계 정하기, 만족 늦추기 가운데 여러분이 아직까지도 연습
  하고 있는 영역이 있다면 어떤 것입니까?

● 여러분은 자녀에게 다음을 가르치기 위하여 어떤 일을 하고 있습니
  까?

  ● 책임감

  ● 경계 정하기

  ● 만족 늦추기

  이 장 후반부에서 우리는 연령에 적합한 울타리 임무들과 자녀 교육 ——
책임감, 경계 정하기, 만족 늦추기를 가르치는 일 —— 에 관한 생각들을 살
펴보게 될 것입니다(280쪽).

아동기의 울타리 발달

우리가 아동기와 울타리 발달 작업에 관하여 이야기할 때에는, 책임 학습 작업을 가리키고 있는 것과도 같습니다. 아이들에게 책임의 장점과 단점을 가르친다는 것은 곧 자율성을 가르치고, 나아가 아이들이 성인기의 임무를 수행할 수 있도록 준비시키는 작업입니다(281쪽).

성경은 자녀 양육에서 울타리 형성이 차지하는 역할에 관하여 —— 훈련, 또는 그리스어와 히브리어의 원 뜻을 살리자면 '가르침'에 관하여 —— 아주 많이 언급하고 있습니다. 올바른 자녀 양육은 징계 차원의 결과뿐만 아니라 예방 차원의 훈련과 실습도 포함합니다. 그리고 우리의 모범은 바로 하나님이십니다(281-282쪽).

● 훈련의 긍정적인 측면은 순행·예방, 그리고 훈육입니다(에베소서 6장 4절). 이 긍정적 차원들의 예를 각각 들고, 여러분 자녀들의 연령과 행동에 맞게 적용하십시오.

● 훈련의 부정적인 측면은 징계·질책, 그리고 결과입니다(잠언 15장 10절). 이 부정적 차원들의 예를 각각 들고, 여러분 자녀들의 연령과 행동에 맞게 적용하십시오.

● 이번에는, 자녀에게 경계를 쌓기 위하여 결과를 어떻게 사용할 수

있는지 한 가지 예를 들어 보십시오. 현재 여러분이 접하고 있는 특정 상황을 예로 들어 보세요.

하나님은 우리의 성장을 돕기 위하여 연습 —— 노력과 실수 —— 을 하고 계십니다. 하나님이 여러분에게 어떤 것을 가르치실 때 사용하신 방법에 관하여 생각해 보십시오(282쪽).

● 여러분에게 깨달음을 준 실수는 무엇입니까?

● 하나님은 여러분이 "선악을 분별할"(히브리서 5장 14절) 수 있게 만들기 위하여 어떻게 훈련시키셨습니까?

● 실습이 어떻게 해서 여러분이 울타리를 쌓을 수 있도록 도와주었습니까?

● 여러분은 자녀에게 필요한 실습에 관하여 어떻게 생각하고 있으며, 또 어떤 식으로 반응하고 있습니까? 여러분은 자녀가 실패를 통해

울타리 갈등

서 새로운 것들을 배울 수 있도록 허용하고 있습니까? 왜 안 된다는
거지요?

훈련은 하나의 외적인 울타리로서, 우리 아이들의 내적인 울타리를 발달
시키기 위한 수단입니다. 훈련은 아이에게 더 이상 필요 없을 정도로 성격
구조가 완전히 형성될 때까지 안전한 구조를 제공해 주는 것입니다(283쪽).

● 여러분 자녀에게서 찾아 볼 수 있는 내적 울타리는 무엇무엇입니까?

● 여러분 자녀가 현재 울타리 쌓기를 연습하고 있는 영역은 어디입니
  까? 여러분의 훈련이 자녀에게 어떤 도움을 주고 있습니까?

여기에서 우리는 훈련과 처벌을 구별할 수 있어야 합니다(283쪽).

● 여러분은 훈련과 처벌의 차이점이 무엇이라고 생각합니까?

울타리와 여러분의 자녀

처벌은 법을 어긴 데 대하여 형벌을 가하는 것입니다. 처벌은 연습의 여지를 그리 많이 남겨 두지 않습니다(로마서 6장 23절 ; 야고보서 2장 10절). 처벌은 훌륭한 스승이 될 수 없습니다. 처벌은 실수를 결코 용납하지 않습니다. 그리고 처벌은 과거에 초점을 맞춥니다(283쪽).

●성장하는 동안 여러분은 처벌을 통해서 어떤 것들을 배웠습니까?

●지금 여러분이 처벌을 통해서 자녀에게 가르치고자 하는 것은 무엇입니까?

처벌과 대조적으로, 훈련은 잘못에 대한 형벌이 아닙니다. 훈련은 하나님의 자연법입니다 : 행한 대로 거둔다는 법칙 말입니다. 또 뒤를 돌아보는 처벌과 달리, 훈련은 앞을 내다봅니다 : 훈련을 통하여 배운 교훈들은 우리가 다시는 그와 똑같은 실수를 범하지 않도록 도와줍니다(히브리서 12장 10절 ;283쪽).

●여러분이 교훈을 얻을 수 있도록 돕기 위하여 여러분의 부모가 효과적으로 결과를 사용한 적이 있다면 언제입니까? 그 결과들이 여러분에게 가르쳐 준 것은 무엇입니까?

울타리 갈등

● 지금 여러분이 자녀에게 연습과 배움의 기회를 제공하기 위하여 결과를 사용할 수 있는 부분은 어디입니까?

하나님은 우리를 사랑하시기 때문에 훈련시키십니다. 우리 역시 자녀를 향한 사랑 때문에 그 자녀를 훈련시켜야 합니다. 사랑은 우리와 우리 자녀들이 비난에 대한 두려움이나 관계의 상실에 대한 두려움 없이, 자유롭게 실수를 저지를 수 있도록 만들어 줍니다. 이처럼 안전하게 실습할 수 있는 능력은, 결과 또는 지도와 함께, 실습과 성숙을 자극하는 길입니다(283쪽).

● 여러분이 현재 연습을 하고 있는 삶의 영역은 어디입니까?

● 하나님께서는 여러분을 판단하시거나 여러분으로부터 사랑을 거둬들이시지 않는다는 말이 여러분과 여러분의 노력에 주는 의미는 무엇입니까?

● 여러분의 자녀는 삶의 다양한 기술들을 연습하는 동안, 여러분이 결코 자신을 판단하거나 자기로부터 사랑을 거둬들이지 않으리라는 믿음을 지니고 있습니까?

울타리와 여러분의 자녀

자녀 양육이라고 하는 압도적인 임무를 수행하는 동안, 여러분과 함께 해 주시라고, 지혜와 인내심과 힘과 사랑을 주시라고 하나님께 간구해 보십시오. 그리고, 여러분이 자녀를 양육하고 있는 동안에도, 하나님은 하나님의 자녀인 여러분과 늘 함께 하신다는 사실을 꼭 명심하십시오(284쪽).

아동에게 울타리가 필요한 이유

경계를 정하고 울타리를 세울 수 있는 능력 —— 어린 시절에 배운 능력 —— 은 온 생애에 걸쳐서 아주 큰 몫을 담당하게 됩니다(284-285쪽).

자기-보호

갓난아기들은 동물의 새끼보다 자기를 돌볼 수 있는 능력이 훨씬 더 부족합니다. 생후 몇 개월 동안은 부모가 한 순간도 눈을 떼지 않고 아이를 보호해야 합니다. 그렇지만, 부모는 점차적으로 이 보호 임무를 자녀에게 넘겨 주어야 합니다. 자녀가 스스로를 보호할 수 있게 만들어 주어야 하는 것입니다(시편 25편 1절 ; 285쪽).

● 지미와 폴의 경험(285-289쪽)을 다시 한번 들여다보십시오. 그 아이들이 어떤 식으로 양육되었는지 자세히 살펴보십시오. 지미의 부모로부터 여러분이 얻을 수 있는 조언은 무엇입니까?

● 폴의 부모를 보고 여러분 자신의 행동 가운데 어떤 게 떠올랐습니까? 그런 행동들을 대신할 수 있는 행동은 무엇입니까?

울타리 갈등

지미 가족의 뚜렷한 특징 하나는 바로 의견의 차이를 허용했다는 것입니다. 지미의 부모는 지미가 다른 의견을 갖고 있다고 해서 사랑을 거둔다거나 처벌하는 일이 결코 없었습니다. 오히려 그들은 지미의 주장에 귀를 기울였고, 만일 정당한 이유가 있다 싶으면 자기편에서 생각을 고쳐먹곤 하였습니다. 지미는 또한 일부 가족 문제들에도 투표권을 행사할 수가 있었습니다. 지미 가족은 자녀에게 울타리 기술을 실습하고 발달시킬 만한 기회를 제공해 줄 수 있을 정도로 아주 진지하게 경계를 받아들이는 가족이었습니다(285-289쪽).

자신의 욕구 책임지기

우리 아이들의 울타리 발달이 맺게 되는 두 번째 열매는, 자기 자신의 욕구에 대한 소유권을 얻고 또 그것을 책임지게 되는 능력입니다. 하나님은 우리가 언제 배고프고, 외롭고, 괴롭고, 당혹스럽고, 휴식이 필요한지를 우리 스스로 알게 하십니다 ── 그런 다음에는, 우리가 필요한 것들을 얻기 위하여 주도권을 잡게 하십니다. 울타리는 이 과정에서 아주 중요한 구실을 합니다. 우리의 경계는 우리 자신과 다른 사람들 사이에 영적인 공간과 정서적인 공간을 창출해냅니다. 그리고 이것은 우리가 자신의 욕구에 귀를 기울이고 또 그 욕구를 잘 이해하도록 만들어 줍니다(289-290쪽).

● 부모가 할 수 있는 최선의 선택은 바로 아이들이 자기 자신의 욕구를 말로 표현할 수 있도록 격려해 주는 것입니다. 비록 그 욕구가 '가족의 흐름에 순행하지' 않는다 할지라도 말입니다. 아이들은 흐름에 반대되는 뭔가를 요구할 수 있도록 허락받을 때 ── 비록 그 요구를 들어 주지 않는다 할지라도 ── 자기에게 무엇이 필요한가 하는 의식을 발달시키게 됩니다. 여러분의 자녀가 자유로이 요구할 수 있

울타리와 여러분의 자녀

는 것은 무엇이라고 생각합니까? 대체로 어떤 욕구들을 자유롭게
표출하는 것처럼 보입니까?

● 292쪽을 다시 한번 들여다보고, 여러분의 자녀가 자기에게 무엇이
  필요한가에 대한 의식을 발달시키도록 도와 줄 수 있는 네 가지 방
  안을 살펴보십시오. 여러분의 가정에 적합한 방안을 한 가지 골라
  실천해 보십시오. 무슨 일부터, 언제 시작할 생각입니까? 자녀에게
  용기를 불어넣어 주기 위하여 여러분이 보여 줄 수 있는 모범은 어
  떤 것입니까?

자신의 욕구를 책임지는 일의 첫단계는 바로 그 욕구를 인정하는 것입니
다. 두 번째 단계는 스스로를 책임지고 관리하는 일에 착수하는 것입니다 ——
이것은 자기 짐을 다른 누군가에게 떠맡기는 것과 정반대되는 일입니다. 우
리는 우리 아이들이 자기 자신의 무책임과 실수 때문에 벌어진 고통스러운
결과들을 체험하도록 내버려 두어야 합니다. 이것이 바로 히브리서 5장 14
절에 나오는 '연단'이며, 히브리서 12장에 나오는 '훈련'인 것입니다(289-
293쪽).

● 293쪽에 실린 네 가지 확신이 반영해 주듯이, 우리 자녀에게는 (그
  리고 우리 자신에게도) '내 삶은 내가 하기 나름이다!'는 인식이 필
  요합니다. 만일 여러분이 여태껏 살아 오면서 이 같은 인식을 얻지

●
울타리 갈등

못했다면, 그것이 여러분에게 줄 수 있었을 법한 도움은 어떤 게 있을까요? 만일 여러분이 이러한 인식을 지녔을 정도로 축복을 받았다면, 그동안 그것이 여러분에게 주었던 도움은 무엇입니까?

● 달란트의 비유(마태복음 25장 14-30절)를 통해서, 하나님은 우리 재능을 생산적인 방법으로 사용하라고 명하시며, 우리가 삶을 어떻게 이끌어 나가느냐는 순전히 우리의 책임이라는 사실을 상기시켜 주십니다. 그 동안 내내 여러분이 변명해 온 것들에 대하여 하나님은 어떻게 응답하시리라고 생각합니까?

우리는 환경이나 삶의 다양한 스트레스 요인들이 미치는 영향을 심하게 받습니다. 그렇지만, 우리는 상처입은 자신의 미숙한 영혼과 관련된 일들에 궁극적으로 책임을 져야 합니다. 현명한 부모라면, 자녀가 '안전한 고난'을 겪도록 내버려 둠으로써 최소한의 상처를 안겨 줄 줄 알아야 합니다. 현명한 부모는 자녀가 연령에 맞는 결정을 내리고 또 연령에 맞는 결과를 체험하도록 허용할 줄 아는 부모입니다(294쪽).

● 패트의 부모가 어떤 방법을 통해서 패트가 예산을 세울 수 있도록 도와 주었는지 생각납니까(295쪽)? 여러분이 자녀의 나이에 맞게 안겨 줄 수 있는 책임과 결과는 무엇일까요?

울타리와 여러분의 자녀

아이의 행동과 결과를 가능한 한 밀접하게 연결시키는 것은 매우 중요한 일입니다(히브리서 5장 8절). 이것이야말로 실질적인 삶을 가장 잘 본뜬 것이기 때문입니다. 우리는 자녀를 사랑합니다. 그렇기 때문에, 우리는 자녀가 최상의 상태에 있기를 바라게 됩니다. 하지만, 사랑 많으신 우리 하나님께서 우리 스스로가 실패를 체험하도록 내버려 두시는 것처럼, 우리 역시 자녀를 구제하기보다는 스스로가 실패를 경험하도록 내버려 두는 것이 가장 좋은 방법이라 하겠습니다(295쪽).

● 자녀의 숙제에 관한 한, 여러분이 허용할 수 있는 논리적이고도 나이에 적합한 결과는 무엇일까요?

통제와 선택에 관한 감각을 지니기

아이들은 삶 속에서 통제와 선택에 관한 감각을 지니고 있어야 합니다. 아이들은 자신이 부모의 의존적이고 무능력한 볼모가 아니라, 자기 자신의 삶을 선택하고 계획하고 스스로 주도권을 행사하는 책임자라는 사실을 깨달아야 합니다. 만일 아이들 스스로 결정을 내리고 그 결과로 무릎이 벗겨지는 일을 겪지 못하도록 부모가 무조건 보호한다면, 결국 그 아이들은 변화를 일으킬 수 있는 능력, 다시 말해서 그들이 반영해야 할 하나님 형상의 중요한 차원을 그만 잃어버리게 될 것입니다. 아이들은 자신의 삶이 하나님의 통치권 안에서는 궁극적으로 자기 자신의 결정에 달려 있다는 의식을 지니고 있어야 합니다(마태복음 6장 33절). 자유로운 의사 결정은 아이들이 직접 선택한 것의 결과를 평가할 수 있도록 가르쳐 줍니다(297-298쪽).

울타리 갈등

● 패멀라가 치과에 가지 않으려고 하자 샐이 취했던 방법에 대하여 여
러분은 어떻게 생각합니까? 어떤 부분이 마음에 들었습니까? 만일
마음에 들지 않았다면, 어떤 부분이 맘에 안 들었나요?

● 샐의 접근 방법을 여러분의 자녀에게도 적용시킬 수 있는 부분은 어
디입니까? 계획을 꼼꼼하게 세우십시오—그런 다음, 실천에 옮기
십시오.

● 경건한 자녀 양육이란, 삶의 모든 영역에서 자녀가 스스로 생각하고,
스스로 결정하고, 스스로 자신의 환경을 개척해 나갈 수 있도록 도
와주는 데 그 추구 목표가 있습니다. 여러분은 이 중요한 자녀 양육
목표를 달성하기 위하여 어떤 일을 하고 있습니까?

● 여러분의 부모님은 여러분이 결정을 잘 내릴 수 있도록 가르치기 위
하여 어떻게 하셨습니까? 부모님에게서 배울 점은 무엇입니까?

● 부모가 자녀를 위하여 대신 선택을 해주고 고통스러운 결정으로부터

울타리와 여러분의 자녀

보호하는 데 급급할 경우, 무슨 일이 벌어질까요?

목표 달성의 만족을 늦추기

지금이라는 단어는 어린아이들을 위하여 있는 말입니다. 어린아이들은 지금이라는 곳에서 살고 있습니다. 하지만 어느 발달 단계에 이르면, 우리는 '나중에'라는 말의 가치, 곧 좀더 나은 것을 위하여 좋은 것을 잠시 미루는 일의 가치를 깨닫게 됩니다. 그리고, 장래의 이익을 위하여 현재의 충동과 바람과 욕망에 대하여 '아니오!'라고 말할 수도 있게 됩니다 ——제일 좋은 실례가 바로 예수님이시지요(히브리서 12장 2절). 만족을 늦추는 방법을 익힌 아이들은, 언제까지나 위기 속에서 허우적거리는 게으름뱅이가 아니라 자급 자족이 가능한 성인으로 자라납니다. 또 이 아이들은 하나의 목표를 세우고 그것을 이루기 위하여 노력할 줄 알게 됩니다(298-300쪽).

● 자녀에게 만족 늦추기를 가르침으로써 생기는 이점은 무엇입니까?

● 여러분은 만족 늦추기의 가치를 어떻게 깨달았습니까——아니면, 지금 어떻게 깨닫고 있는 중입니까(누가복음 14장 28절)?

● 여러분의 자녀에게 만족 늦추기의 가치를 가르치기 위하여 무슨 일
부터 시작할 수 있을까요——또는 무슨 일을 계속할 수 있을까요?

다른 사람의 경계를 존중하기

아이들은 아주 어렸을 적부터 부모와 형제자매, 그리고 친구들의 경계를
받아들여야 합니다. 아이들은 세상이 자기를 중심으로 빙빙 돌고 있는 것이
아니라는 사실을 깨달아야 합니다. 경계를 받아들이는 방법을 익히는 것은
곧 우리에게 자기 스스로를 책임지는 방법을 가르쳐 줍니다. 다른 사람의
경계를 증오하고 거부하면 할수록, 우리는 더욱더 다른 사람에게 의존하게
됩니다(잠언 19장 27절). 결국, 우리는 스스로를 돌보기보다는 차라리 다른
사람이 우리를 돌보아 주었으면 하고 바라는 지경에 이르게 되고 말 겁니다
(300쪽).

● 이 사실을 깨달음으로써 평생토록 얻을 수 있는 이점은 무엇입니
까? 이 사실을 깨닫지 못한 데서 비롯되는 결과에는 무엇무엇이 있
을까요?

● 301쪽에 실려 있는 목록은 삶 속에서 부딪히게 되는 수많은 ‘아니
오’들을 잘 가르쳐 주고 있습니다. 그 여덟 가지 단계 가운데, 여러
분이 다른 사람들의 ‘아니오’라는 울타리를 받아들일 수 있게 된 것
은 몇 단계에서였습니까? 그 목록의 후반부보다는 초반부에서 ‘아니

울타리와 여러분의 자녀

오'를 받아들이게 되는 것이 더 좋은 이유는 무엇입니까?

만일 우리가 아이들에게 '아니오'라는 말을 받아들이는 방법에 관하여 가르치지 않는다면, 우리 애들을 사랑하는 사람은 더더욱 이 일을 맡을 수가 없을 것입니다. 대부분의 부모들은 자기 아이가 이 같은 고난을 겪도록 내버려 두지 않을 것입니다. 경계는 일찍 배우면 배울수록 좋은 것입니다(301쪽).

● 다른 사람의 경계를 받아들이는 것이 애들에게 중요한 두 번째 이유는, 다른 사람의 경계에 주의를 기울이는 것이 아이들에게 사랑하는 방법을 가르쳐 주기 때문입니다. 황금률(대접받고 싶은 대로 남을 대접하라)과 경계 존중하기, 그리고 사랑하는 법 배우기의 관계를 설명하십시오(마태복음 7장 12절).

● 여러분이 사랑하는 사람에게 상처를 줄 수도 있다는 사실, 그리고 여러분의 행동이 문제가 될 수도 있다는 사실을 어떻게 해서 깨닫게 되었습니까? 여러분의 자녀에게 이 같은 교훈을 가르치기 위하여 어떻게 하고 있습니까?

울타리 갈등

우리는 자녀가 자신의 행동이 다른 사람들에게 영향을 미친다는 사실을 깨달을 수 있도록 도와주어야 합니다. 다른 사람들의 필요와 상처를 인식할 수 있을 때, 우리 아이들은 자신의 행동과 말에 책임을 질 줄 알게 됩니다. 그리고, 이러한 교훈은 우리 아이들이 자기 중심적이거나 지배적인 사람이 되지 않도록 막아 줄 수 있습니다. 그때에야 비로소 우리 아이들은 사랑을 베풀 줄 아는 사람이 될 수 있습니다(302-304쪽).

주기적인 울타리 : 나이에 적합한 경계 훈련

아이들이 할 수 없는 일들을 시키거나 또는 아이들 수준에 너무 못 미치는 일들을 시키는 일이 없으려면, 우리 부모 쪽에서 그때그때 아이들의 발달 욕구와 능력을 고려해야 합니다. 이 부분은 여러분의 자녀들이 익혀야 할 울타리 임무들의 윤곽을 저마다의 나이에 알맞게 제시해 주고 있습니다(304-305쪽).

갓 태어나서 5개월이 되기까지

● 갓난아기들이 완수해야 할 임무는 무엇입니까?

● 갓난아기들이 이 임무를 완수하도록 옆에서 부모가 도와줄 수 있는 일은 무엇입니까?

●여러분은 갓난아기를 돕기 위하여 어떤 일을 하고 있습니까?

　갓난아이는 소속감과 안전감, 그리고 자신이 환영받고 있다는 느낌을 발
달시켜야 합니다. 유아에게는 경계를 정하는 일이나 만족 늦추기를 가르치
는 일(이런 것들은 생후 첫해 동안에 아주 천천히 시작해야 되며, 몇 년이
지난 다음에야 비로소 전력을 기울여 시작할 수 있는 과정입니다)보다도 안
전감을 제공하는 일이 훨씬 더 중요합니다(305-307쪽).

5개월부터 10개월까지

●생후 첫해의 후반기를 왜 '부화기'라고 일컫는지 설명해 보십시오.
　이 단계에서 아이가 배우는 것은 무엇입니까?

●5개월부터 10개월까지의 아이가 분리와 애착에 대한 욕구를 충족시
　킬 수 있도록 부모가 도와 줄 수 있는 일은 무엇입니까?

●여러분은 아이를 돕기 위하여 어떤 일을 하고 있습니까?

●
울타리 갈등

분리되려고 애쓰는 자녀를 격려해 주기 위해서는, 자녀가 사람이나 사물에 매혹될 수 있도록 내버려 두어야 합니다. 여러분의 가정을 여러분의 아기가 탐험할 수 있는 안전한 장소로 만들어 주십시오. 그리고, 긴밀한 유대와 정서적 안전에 대한 자녀의 욕구를 주의깊게 배려해 주십시오(307-308쪽).

10개월에서 18개월까지

● 어린 시절의 이 '실습' 단계에서 아기들이 하는 일은 무엇입니까?

● 자녀의 '아니오'에 대한 건전한 반응은 무엇입니까?

● 어린 자녀에게 경계와 결과 가르치기를 시작하기 위하여 할 수 있는 일은 무엇입니까?

'아니오'라는 말은, 여러분의 자녀가 자기 자신의 삶을 책임지는 것이 과연 좋은 결과를 가져다주는지 —— 아니면 다른 사람이 자기로부터 물러서게 만드는지 ——를 판단할 수 있는 좋은 방법입니다. 그러므로, 여러분은 부모의 선 자리에서 자녀의 '아니오'를 기뻐해 줄 수 있어야 합니다. 이와 동시에, 여러분은 자녀가 자신이 우주의 중심은 아니라는 사실과 행동에는 결

울타리와 여러분의 자녀

과가 따르기 마련이라는 사실을 깨닫도록 도와주어야 합니다. 세상에 대한 흥미와 관심을 꺾어 버리지 않도록 주의하면서, 자녀에게 결과를 가르치십시오(309쪽).

18개월에서 36개월까지

● 이 단계의 목표와 기본적인 임무는 무엇입니까?

● 자기 '아니오'는 언제나 존중받길 원하면서 정작 부모의 '아니오'는 기꺼이 존중하지 않으려 드는 아이에게, 현명한 부모가 취할 수 있는 역할은 무엇입니까?

● 310쪽에 윤곽을 잡아 놓은 훈련의 4단계 과정에 대하여 평가를 내리십시오. 왜 이 과정이 효율적일 것이라고 생각합니까? 이 과정에 결함이 있다면 무엇입니까? 여러분이 아직 이러한 접근 방법을 사용해 보지 않았다면, 언제 시도해 볼 작정입니까?

여러분의 자녀가 '아니오'라는 말을 적절하게 사용할 때마다 그 말을 존중해 주십시오. 다만 이 때 여러분 자신의 '아니오'도 확고하게 유지하도록 하십시오. 싸움을 걸 때는 조심스럽게 거십시오. 자녀가 즐거워할 때에는

울타리 갈등

같이 즐거워하십시오. 그러면서도, 언제나 변함없이 그리고 한결같이 자녀에게 확실한 경계를 유지하십시오. 이 시기의 아이들은 가정의 규칙을 배울 수도 있고, 나아가 이 규칙을 어겼을 경우 돌아오게 될 결과를 배울 수도 있습니다(309-311쪽).

3살에서 5살까지

● 이 발달 단계에 들어선 아이들이 수행해야 할 중요한 임무는 무엇입니까?

● 세 살에서 다섯 살 짜리 아이들이 막 싹트기 시작한 성적 관심을 잘 다룰 수 있도록 부모가 도와 줄 수 있는 일은 무엇입니까?

● 여러분의 자녀를 도와 주기 위하여 하고 있는 일은 무엇입니까? 여러분은 어떤 식으로 동성 자녀의 동일시와 경쟁을 허용하고 있습니까? 또 어떤 식으로 이성 자녀의 소유욕에 대처하고 있습니까?

아이들은 동성의 부모와 자신을 동일시하는 ── 동성의 부모와 경쟁하는 ── 동시에, 이성의 부모와 결혼하게 되길 바랍니다. 성숙한 부모라면, 자신과 아이들 사이의 경계를 분명히 정해 두어야 합니다(311-312쪽).

울타리와 여러분의 자녀

6살에서 11살까지

● 잠복기 또는 산업기라고 불리는 이 기간 동안, 아이들이 수행해야
할 임무는 무엇입니까?

● 자녀가 튼튼한 울타리를 발달시킬 수 있도록 도와주기 위하여 부모
쪽에서 자녀를 위하여 맡아 주어야 할 울타리 임무는 무엇입니까?

● 지금 이 순간 부모인 여러분에게 가장 도전이 되고 있는 문제는 무
엇입니까?

　자녀가 이 단계에서 만족 늦추기나 목표 세우기, 또는 시간표 짜기 같은
울타리 작업을 하고 있는 동안, 부모는 아주 중요한 역할을 맡게 됩니다. 자
녀의 구제자가 되기보다는 결과를 통해서 자녀가 배울 수 있도록 내버려 두
어야 하는 것이지요(313쪽).

11살에서 18살까지

● 성인이 되기 전의 마지막 단계인 이 시기가 자녀에게나 부모에게나

똑같이 두려우면서도 흥미로운 시기로 다가서는 것은 무엇 때문입
니까?

● 여러분의 자녀 양육 방법에 어떤 변화가 일기 시작했습니까? 지금은
얼마나 다르게 키우고 있습니까?

● 지금 이 순간 부모인 여러분에게 가장 도전이 되고 있는 문제는 무
엇입니까?

현명한 부모라면, "어떻게 해야 저 아이가 혼자 힘으로 살아 남을 수 있
도록 도와줄 수 있을까?" 하는 문제와 씨름해야 합니다. 다시 말해서, 부모
가 스스로의 행동으로 인한 결과를 감수하도록 내버려 둘 때, 우리 자녀들
은 울타리와 삶에 관하여 훨씬 더 많은 것들을 배우게 되는 것입니다(313-
315쪽).

훈련의 유형

● 여러분이 자녀 훈련과 관련된 정보에 관심을 돌린 것은 언제입니까?

● 여러분의 가정 환경에 비추어 볼 때 가장 효과적인 방법은 무엇입니까?

● 자녀 양육 문제(체벌 · 일시 중지 · 제한 · 한도 등) 가운데 여러분이 의문을 품고 있는 부분은 어디입니까? 어떤 의문입니까?

● 316-317쪽에 실린 결과와 울타리의 네 가지 주요 사항을 다시 한번 들여다보십시오. 위의 문제에 대한 답변으로 여러분이 적어 놓은 의문점들에 대해, 이 사항들이 말해 주고 있는 것은 무엇입니까?

우리 부모들에게는, 자녀가 내적인 울타리 의식을 지니면서도 동시에 다른 사람의 울타리를 존중하도록 가르쳐야 할 도전적인 임무와 건전한 책임이 있습니다. 물론 아이들이 우리의 충고에 유념하리라는 보장은 전혀 없습니다. 하지만, 우리가 자기 자신의 울타리 문제를 깨닫고, 그 문제에 대한 책임을 지고, 또 스스로를 성장시켜 나갈 때, 우리 아이들 역시 이 같은 능력이 일상 생활에 무척이나 필요한 성인 사회를 위하여 울타리를 배울 수 있는 기회를 더 많이 얻게 될 것입니다(에베소서 4장 13절 ; 317쪽).

●
울타리 갈등

하나님, 자녀 양육이라고 하는 엄청난 소명에 응답하고자 노력하고 있는 저에게 모범을 보여 주시니, 정말 감사합니다. 제가 자녀에게 '아니오'라고 말함으로써 자신을 보호하는 방법을 가르칠 수 있도록, 다음과 같은 것들을 저에게 가르쳐 주십시오 : 필요를 표출할 수 있는 방법을 제게 가르쳐 주서서 제 자녀가 필요를 충족시키는 데 대한 책임을 수행할 수 있게 하시고, 자녀에게 적절한 선택권을 안겨 줌으로써 삶의 통제 의식을 부여해 줄 수 있는 방법을 제게 가르쳐 주시고, 만족을 늦출 수 있는 방법을 가르쳐 주시고, 나아가 다른 사람의 울타리를 존중할 수 있는 방법을 제게 가르쳐 주서서, 제 자녀가 스스로를 돌봄으로써 사랑하는 방법을 배울 수 있게 해주십시오. 결과를 통해 책임을 가르칠 수 있는 지혜, 언제 나아가고 언제 물러설 것인가를 판단할 수 있는 지혜를 저에게 부어 주십시오. 자녀가 실패를 경험하도록 내버려둘 수 있는 용기를 주시고, 각 단계마다 힘과 인내를 주십시오. 자녀가 '삶'이라고 하는 이 임무를 연습하는 동안에 무조건적인 사랑——자녀를 하나님께로 향하게 만들어 줄 무조건적인 사랑——을 깨닫게 해주십시오. 제가 제 자녀를 신뢰하고, 궁극적으로는 하나님의 돌보심을 신뢰할 수 있게 해주십시오. 예수님의 이름으로 기도합니다. 아멘.

울타리와 여러분의 자녀

9

울타리와 일

일은 본질적으로 선한 것입니다. 일은 타락 이전에도 존재했습니다. 일은 인간이 땅을 정복하고 다스리게 하시겠다는 하나님의 계획 속에 언제나 포함되어 있었습니다(창세기 1장 28절). 그런데, 타락 때문에 그 임무들은 점점 더 어려워졌고(창세기 3장 17-19절), 자기의 책임을 부인하려는 성향이 생겨났으며(창세기 3장 11-13절), 일과 사랑이 서로 분리되었습니다("하고 싶다"가 이제는 "해야 한다"로 바뀌었습니다. 범죄를 저지르고픈 우리의 욕구는 점점 더 강해졌고, 우리의 분노는 더욱 더 거세어졌으며, 그릇된 행동을 하도록 부추기는 것들이 생겨났습니다[로마서 5장 20절 ; 4장 15절 ; 7장 5절]). 이제, 우리는 울타리가 어떻게 일과 관련된 수많은 문제들을 해결하도록 도와줄 수 있는지, 그리고 울타리가 어떻게 여러분이 일을 할 적에 좀더 행복해지고 좀더 만족을 느끼도록 도와줄 수 있는지에 대하여 알아보게 될 것입니다(319-321쪽).

일과 성격 발달

그리스도인들은 종종 뒤틀린 시각으로 일을 바라봅니다. 그들은 '성직자

237
●
울타리와 일

의 직무'를 행하지 않는 사람은 모두 세속적인 일을 하고 있다고 생각합니다(321쪽).

여러분 자신의 직업에 관하여 잠시 동안 생각해 보십시오(하루 종일 집에 있는 부모들도, 명확히 말하자면, 직업을 갖고 있다고 할 수 있습니다).

● 여러분은 어떤 일을 하고 있습니까?

● 여러분은 자신의 일을 어떤 관점에서 바라보고 있습니까? 성직이라고 생각합니까?

● 그러한 관점이 여러분의 직무 태도에 어떤 식으로 영향을 미치고 있습니까?

이번에는, 성경이 뭐라고 가르치고 있는지를 생각해 봅시다.

● 골로새서 3장 23절에서 바울은 신앙인들을 향하여 뭐라고 명령하고 있습니까?

●
울타리 갈등

● '주님을 위해' 일을 한다는 생각이 여러분의 일에 혁명을 일으키지 않았다면, 어떤 식으로 영향을 미칠 수 있었을까요?

우리 모두는 —— 전임목사들뿐만 아니라 —— 하나님과 그 백성을 섬기는 데 써야 할 은사와 재능을 지니고 있습니다(321쪽).

● 비유들을 통해서 예수님이 돈과 임무 완성, 신실한 청지기 역할, 그리고 일터에서의 정직한 감정적 태도를 다루고 있다는 사실은 어떤 의미를 지니고 있습니까?

예수님은 이 비유들을 통해서, 하나님의 사랑에 바탕을 둔 직업 윤리를 가르쳐 주고 계십니다. 우리는 일 속에서 하나님의 형상을 입게 됩니다. 하나님 역시 노동자에다 관리자 · 창조자 · 개발자 · 청지기 · 치유자이시기 때문입니다. 그리스도인이 된다는 것은 곧 인류 공동체 속에서 하나님의 동역자가 된다는 것을 의미합니다. 나아가, 직업은 우리가 영원토록 하게 될 일을 위하여 준비할 수 있도록 우리의 성격을 발달시켜 주는 장소입니다. 자, 그러면 이 같은 사실을 염두에 두고, 직장에서의 울타리 형성이 어떻게 우리의 영적인 성장을 도울 수 있는지에 대하여 한번 살펴보기로 하겠습니다(321-322쪽).

● 여러분의 일에 관하여 곰곰이 생각해 보십시오. 그 일의 어떤 측면이 노동자로서의 하나님 형상을 반영해 주고 있습니까?

울타리와 일

● 하나님은 여러분이 좀더 그리스도를 닮아 가도록 만들기 위하여, 여러분의 일을 어떤 식으로 사용하고 계십니까?

직장에서의 문제

울타리 결핍은 직장에서도 문제를 자아냅니다. 어떻게 해서 울타리의 적용이 이 같은 문제들을 해결해 줄 수 있는지 한번 살펴보기로 합시다.

문제 1 : 다른 사람의 책임까지 짊어지는 것

● 여러분은 수지(322-325쪽)처럼 다른 사람의 책임까지 떠맡고 있습니까? 그런 책임들의 목록을 작성해 보십시오.

● 여러분의 삶에서 '잭'의 역할을 담당하고 있는 사람과 언제 정직한 대면을 펼칠 생각입니까? 그리고, 그 사람에게 무슨 말을 할 작정입니까?

● 그 사람의 분노에 어떤 식으로 반응할 생각입니까?

●
울타리 갈등

- 그 사람이 설명을 원할 경우, 어떻게 할 생각입니까?

- 동료를 구제해 주는 것이 권한을 부여하는 것인지, 아니면 호의를 베풀고 희생하는 것인지를 여러분이 결정할 수 있도록 도와준 것은 어떤 경험입니까?

친절과 희생도 그리스도인의 삶에 속해 있습니다. 여러분의 베품이 다른 사람을 좀더 낫게 도와 줄 수 있다면, 그것이 바로 친절과 희생이라 할 수 있습니다. 성경은 받을 사람의 상태를 보고 책임감 있게 행동하라고 요구합니다. 만일 다음 계절에 그 열매를 볼 수 없다면, 지금 경계를 쌓아야 하는 것입니다(누가복음 13장 9절 ; 322-326쪽).

문제 2 : 너무 잦은 초과 근무

- 여러분은 얼마나 자주 초과 근무를 하는 편입니까? 솔직하게 이야기 하십시오!

- 만일 여러분이 너무 잦게 초과 근무를 하고 있다면, 왜 그토록 많은 시간을 계속적으로 초과 근무에 바치고 있나요? 직장 상사에게 솔직히 말하고 경계를 세우지 못하도록 여러분을 막고 있는 것은 무엇입니까?

울타리와 일

● 328-329쪽에 제시된 단계들을 살펴보십시오. 언제쯤 이 단계들을 이행할 생각입니까?

● 여러분이 직장 상사와 정직한 대면을 벌인 다음에라도, 그 상사는 계속적으로 불합리한 요구를 해올 수 있습니다. 만일 다른 일자리를 찾아 보아야 할 필요가 있다고 생각될 경우, 여러분은 어느 쪽을 선택하겠습니까?

과중한 일거리는 여러분 자신의 책임이요, 여러분 자신의 문제입니다. 문제를 인정하고, 그 문제를 해결하기 위하여 뭔가 조치를 취하십시오. 부당한 상황의 희생양이 되는 일은 이제 그만두고, 경계를 정하는 일에 착수하십시오(마태복음 10장 14절 ; 326-329쪽).

문제 3 : 우선 순위를 잘못 정함

● 유능한 일꾼들은 일을 잘해내려고 최대한 노력하며, 가장 중요한 일들에 자기 시간을 쏟아 붓습니다. 여러분의 기준은 어느 정도로 높게 설정되어 있습니까? 더 높여야 할 부분은 어디입니까? 더 낮춰야 할 곳은 어디입니까? 시간과 노력을 조금 덜 기울여도 될 만한 임무는 무엇입니까? 여러분의 임무나 책임 가운데 가장 중요한 것 세 가지는 무엇입니까?

● 경계를 정하게 되면 우선 순위를 결정할 수 있으며, 나아가 일을 좀
  더 현명하게 처리할 수도 있습니다(일이 어떤 식으로 불어나서, 그
  일을 위하여 정해둔 시간을 꽉 채우게 되는지, 우리는 너무도 잘 알
  고 있습니다!). 자신을 위한 시간표를 작성하십시오. 여러분의 일을
  다양한 각도에서 검토해 보고, 각각의 일을 수행하는 데 필요한 최
  대한의 시간을 정하십시오. 그런 다음에는, 이 계획표에 맞추어 살
  아가십시오(지금 곧바로 완성되리라는 기대는 버리십시오).

모세의 장인 이드로는, 모세가 조만간 울화를 터뜨릴 것이 뻔하다는 사실
을 꿰뚫어 보았습니다. 아무리 선한 일이라 할지라도, 모세는 그 일이 아주
심각한 지경에 이르기까지 내버려 두고 있었던 것이지요(출애굽기 18장 14
-27절). 좋은 일에도 경계를 정해야 그것을 유지할 수가 있는 법입니다
(329-332쪽).

문제 4 : 까다로운 동료

● 힘의 법칙은 여러분이 오직 자기 자신만을 변화시킬 수 있는 힘을
  지니고 있다고 말해 주고 있습니다. 여러분은 결코 다른 사람을 변
  화시킬 수 없습니다. 까다로운 동료에 관하여, 이 법칙이 여러분에
  게 말해 주고 있는 것은 무엇입니까?

● 여러분은 현재 까다로운 동료와 어떤 식으로 관계를 맺고 있습니까?
  그 사람에게 어떤 식으로 반응하고 있습니까? 될 수 있는 대로 자세

히 대답해 보십시오.

● 앞의 질문에 대한 답변을 자세히 살펴보십시오. 그 사람과의 접촉, 상호 작용, 그리고 그 사람에 대한 반응을 변화시키기 위하여 여러분이 할 수 있는 일은 무엇입니까?

다른 사람에게 초점을 모으는 것은 곧 그 사람에게 여러분을 지배할 수 있는 힘을 부여해 주는 것과도 같습니다. 여러분은 그 사람이 여러분에게 영향을 미칠 수 없도록 막아야 합니다. 진짜 문제는, 여러분이 그 문제의 동료와 어떻게 관계를 맺을 것인가에 달려 있습니다. 여러분 쪽에서 그 사람에 대한 반응을 바꾸어야 하는 것입니다(마태복음 18장 15-18절 ; 332-333쪽).

문제 5 : 비판적인 태도

● 직장에서 여러분은 비판적인 사람들에게 어떤 식으로 대처하고 있습니까? 그 사람을 이기려고 애쓰는 편입니까? 여러분의 화를 돋구도록 내버려 두는 편입니까? 그 비판을 내면화하고 자신을 혐오하는 편입니까? 그 비난에 대한 여러분의 대처 방법은 어느 정도 효과가 있습니까?

● 여러분 쪽에서 비판적인 사람을 변화시킬 수는 없습니다. 비판하고

울타리 갈등

싶으면 하라고 하십시오. 단지 그 사람으로부터 여러분 자신을 분리시켜 놓고, 여러분에 대한 그 사람의 견해를 내면화하지 않으면 됩니다. 그 사람으로부터 여러분을 분리시키기 위하여 할 수 있는 일은 무엇입니까? 자신이 비판적인 사람의 말을 내면화하기 시작하고 있음을 깨닫는 순간, 여러분이 떠올릴 수 있는 진리는 무엇입니까?

● 333쪽에 제시된 방법들을 살펴보십시오. 여러분을 비판하는 사람들에 대처하기 위하여 어떤 방법을 선택할 생각입니까?

● 비판적인 사람으로부터 인정을 받아내려고 애쓰는 짓 따위는 절대로 하지 마십시오. 또한, 그런 사람과 논쟁을 벌이거나 토론을 해서도 안 됩니다(잠언 9장 7-8절). 따로 떨어져 있으십시오. 여러분의 울타리를 지키십시오. 그 사람의 게임에 말려들지 마십시오(333-335쪽).

문제 6 : 권위와의 갈등

만일 지금 여러분이 고용주와 잘 지내는 데 문제가 있다면, 그것은 전이감정을 갖고 있기 때문일 수가 있습니다. 전이란, 사실은 아직 끝맺지 못한 과거지사에 속하는 감정을 현재에 와서 겪는 현상입니다. 전이 현상은 고용주와의 관계 속에서 흔히 나타나는데, 그것은 고용주가 권위적인 인물이기 때문입니다. 여러분의 직장에서 이렇게 강한 반응을 불러일으키는 사람은 누구입니까? 여러분이 특별히 경쟁심을 느끼고 있는 대상은 누구입니까?

● 그 사람이 여러분에게 상기시켜 주는 인물은 누구입니까? 그 사람의
행동이 여러분에게 부모나 다른 가족 구성원의 태도를 상기시켜 줍
니까? 그 사람의 성격과 여러분의 어머니, 또는 아버지의 성격은 어
떻게 닮았습니까? 혹 경쟁 심리가 문제라면, 과거의 경쟁 관계들 가
운데 떠오르는 것이 있습니까?

● 앞에서 답변한 유사점들 때문에, 여러분이 아직까지도 버리지 못하
고 있는 과거의 유형은 무엇입니까?

● 사람들을 비틀어 곱새겨진 시각이 아니라 있는 그대로 바라보기 위
해서, 여러분은 이 감정들을 어떻게 처리할 생각입니까? 여러분의
계획을 자세히 설명해 보십시오──그리고 지금 당장 이행하십시
오!

　　여러분이 격한 감정을 느낄 때마다, 그것이 여러분의 책임이라는 사실을
아십시오. 그렇게 할 때, 동료나 고용주에게 비이성적으로 대하는 일은 없
어지고, 여러분은 아직 끝마치지 않은 임무와 치유에 이르게 될 것입니다
(갈라디아서 1장 10절 ; 335-337쪽).

울타리 갈등

문제 7 : 일에 대한 지나친 기대

● 여러분이 일에 대하여 갖고 있는 비현실적인 기대는 무엇입니까? 아동기 때 채워지지 못한 욕구들 가운데, 직장에서 채워지길 바라고 있는 것은 무엇입니까?

● 이러한 견해는 직장에서의 투쟁에 어떤 도움을 주고 있습니까? 지금껏 힘겨웠던 직장 역동성에 관하여 이제 여러분은 어떤 식으로 이해하고 있습니까?

● 이 밖에도 여러분이 양육 · 관계 · 자존감 · 인정 등으로 관심을 돌릴 수 있는 곳——또는 지금 돌리고 있는 곳——은 어디입니까?

후원과 정서적 보상에 대한 욕구는 직장 밖에서 충족시키십시오. 관계에 대한 욕구 역시 직장 밖에서 채우십시오. 그런 다음, 직장에 가서도 여러분의 울타리를 굳게 지키십시오. 직장 때문에 여러분의 울타리가 해를 입지 않도록 보호하십시오. 직장은 울타리를 고치기는커녕 오히려 해칠 수가 있습니다. 꼭 고의로 그러는 것은 아니더라도 말입니다(337-338쪽).

울타리와 일

문제 8 : 일과 관련된 스트레스를 집으로 가져오는 것

● 여러분은 어떤 감정을 직장에서 집으로 가져오는 편입니까?

● 대부분의 경우, 그 감정들의 촉매 역할을 하는 것은 누구와의 관계
  입니까? 일의 성패가 여러분의 기분을 좌우하는 까닭은 무엇입니
  까? 이 질문들에 답변하기 위하여 여러분은 어떻게 할 생각입니까?

● 여러분이 일에 쏟고 있는 시간과 정력, 그리고 그 밖의 자원들을 평
  가해 보십시오. 개인 생활·인간 관계·건강 차원에서 여러분이 일
  때문에 치르고 있는 대가는 무엇입니까?

● 여러분이 일에 대하여 쌓아야 할 경계는 무엇입니까? (교재 326-
  329쪽의 [문제 2 : 너무 잦은 초과 근무]를 다시 한번 들여다보십시오.)

자신의 경계를 확실히 정해 두고, 그 경계에 맞게 살아가십시오. 건전한
정서적 삶과 균형있는 삶을 누릴 수 있도록, 여러분의 일에 튼튼한 울타리
를 세우십시오(미가 6장 8절 ; 338-339쪽).

●
울타리 갈등

문제 9 : 자신의 일을 혐오하는 것

● 아직까지 한번도 진정으로 일이라는 게 무엇인지 그 정체감을 발견
하지 못한 사람들은, 자신의 직업을 혐오하기 마련입니다. 여러분은
고질적으로 자신의 일을 혐오하고 있는 편입니까? 그것은 어쩌면
여러분이 진정으로 원하는 일을 아직까지 한번도 해보지 못했기 때
문이 아닐까요? 만일 그렇다면, 어떤 사람의 기대가 여러분에게 영
향을 미치고 있습니까? 여러분 자신의 적성이나 재능·소망·욕구·
꿈 등과는 전혀 상관없는 일을 하도록 여러분을 조종하고 있는 것은
무엇입니까? 어쩌면 친구나 문화일 수도 있겠지요.

● 지금 하고 있는 일을 처음 시작했을 당시에는 튼튼한 울타리가 전혀
없었을지라도, 지금은 어느 정도 여러분의 울타리가 강해졌으리라고
생각됩니다. 자, 하나님과의 관계 속에서, 자신이 진정 누구인가, 어
떤 종류의 일이 자기에게 잘 맞는가를 알아내기 위하여 여러분은 무
슨 일을 할 생각입니까? 여러분의 전략을 자세히 이야기해 보십시
오. 여러분을 잘 아는 사람들을 찾아가, 어떤 일이 여러분에게 가장
잘 맞는다고 생각하는지 물어 보는 것도 좋은 출발점일 수 있습니다.

● 꿈과 사랑과 재능과 욕구에 관하여 생각할 시간을 가져 보십시오.
이것들은 여러분이 즐거움을 맛볼 수 있을 만한 일이 무엇이라고 암
시해 주고 있습니까?

●
울타리와 일

직업의 가능성을 생각할 때에는, 여러분이 진정 어떤 존재인지, 여러분의 진정한 자기는 무엇인지, 그리고 여러분의 특별한 재능은 무엇인지를 토대로 하여 자신에 대한 현실적인 기대를 지니십시오. 그런 다음에는, 다른 사람들이 여러분에게 기대하고 있는 것들과 맞서십시오(로마서 12장 2절 ; 340-341쪽).

평생의 일을 찾아내기

자기가 평생토록 할만한 일을 찾아내는 데에는 위험이 뒤따릅니다. 우선 여러분은 정체성을 확고히 정립하고, 자기가 애착을 갖고 있는 사람으로부터 자기 자신을 분리해 낸 다음, 자신의 간절한 바람을 좇아가야 합니다. 자신의 느낌과 생각과 소망을 인정해야 하고, 자신의 재능과 한계를 평가해야 합니다. 그런 다음, 여러분은 하나님께서 이끄시는 대로 한 걸음 한 걸음 나아가야 합니다(341쪽).

● 평생토록 할만한 일을 찾아내는 작업이 어느 정도 진척되었는지 생각해 보십시오. 앞에서 간략하게 살펴본 일련의 위험들 가운데, 지금의 여러분이 감수해야 할 위험은 무엇입니까?

● 그 특정 위험이 여러분에게 요구하고 있는 행동은 무엇입니까? 그리고, 언제 행동을 취할 생각입니까?

울타리 갈등

● 시편 37편 4-5절에는 어떤 약속이 들어 있습니까?

● 전도서 11장 9절에는 어떤 약속이 들어 있습니까?

하나님은 여러분이 하나님의 영광을 위하여 재능을 발견하고 사용하기를 바라십니다. 또한, 하나님은 여러분에게 자신의 행동을 책임지라고 명하십니다. 여러분의 일은 여러분과 하나님이 공동으로 하는 일입니다. 하나님은 여러분에게 은사를 부어 주셨으며, 여러분이 그 은사를 발달시키길 원하십니다. 여러분의 길을 주님께 맡기십시오. 그러면, 일의 정체감을 발견하는 동시에 만족을 얻을 수 있을 것입니다(341쪽).

--- 기도 ---

전능하신 하나님, 저에게 일을 맡겨 주시니 정말 감사합니다. 제가 그 일을 성스러운 직무로 받아들이게 하시고, 하나님께 영광을 돌리기 위하여 열심히 일하게 해주십시오. 직장에서 부딪히는 특정 문제들을 잘 처리하고, 또 일과 관련된 울타리를 필요한 곳에 잘 세울 수 있도록, 저에게 지혜와 용기를 주십시오. 그 문제들이 충족되지 못한 어린 시절의 필요나 끝마치지 못한 과거의 임무로부터 생겨난 것일 경우, 하나님께서 저를 치유하여 주십시오. 마지막으로, 제가 하나님을 위하여 일할 때, 무엇이 중요한 일인가를 잘 판단할 수 있도록 도와주시고, 또 그 일들을 잘해내기 위하여 언제나 노력할 수 있도록 도와주십시오. 예수님의 이름으로 기도합니다. 아멘.

10

울타리와 자기

이 장에서, 우리는 다른 사람과의 상호 작용을 외적으로 살펴보는 대신, 자신의 몸을 통제해야 하는 우리의 책임(데살로니가전서 4장 4절)과 우리 자신의 내적인 울타리 갈등에 대하여 살펴보게 될 것입니다. 이것은 조금 골치 아픈 주제일 수 있습니다(344쪽).

통제가 불가능한 우리의 영혼

이 장을 통해서, 우리는 자신을 겸허하게 들여다보고, 다른 사람의 반응을 기다리고, 자기가 신뢰하고 있는 사람들의 말에 귀를 기울이고, 그리고 '내가 틀렸다'고 고백할 수 있도록, 여러분에게 용기를 불어넣어 주려고 합니다(344쪽).

음식

● 여러분은 몸무게를 늘리고 좀더 매력없는 사람이 되어 친밀감을 회피해 보려는 속셈에서, 음식을 거짓된 울타리로 사용하고 있습

니까?

● 여러분은 음식이 주는 위로가 진실한 관계에 대한 전망보다 덜 두렵
기 때문에(요한1서 4장 18절), 마시고 떠들어댑니까?

돈

● 다음 중 여러분이 지금 투쟁하고 있는 영역은 어디입니까?

- 충동적인 소비
- 부주의한 예산 작성
- 분수에 맞지 않는 삶
- 신용 문제
- 상습적으로 친구들에게서 돈을 빌어 씀
- 비효과적인 저축 계획
- 갖가지 청구서를 해결하기 위하여 초과 근무를 함
- 다른 사람들의 돈 문제를 대신 해결해 줌

● 돈에 대한 사랑이 어떻게 여러분의 삶에서 악의 근원이 될 수 있었
  습니까(디모데전서 6장 10절)? 어떤 상황에서 여러분은 특별히 자
  신이 돈의 노예라고 느끼게 됩니까(잠언 22장 7절)?

시간

● 여러분은 마감 시간에 어떻게 대처하고 있습니까? 여러분은 '미리미
  리 해놓는' 사람입니까, 아니면 '마지막 순간까지 버티는' 사람입니
  까? 여러분은 자기 시간을 얼마나 잘 관리하고 있습니까? 자신이
  많은 일들을 할 수 있다고 생각합니까, 아니면 꼭 해야 할 일들까지
  도 전혀 할 수 없다고 생각합니까? 여러분은 약속 시간에 꼭 맞춰서
  나갈 수 있습니까? 아침에 잠에서 깨는 순간, 여러분은 이미 늦었다
  고 느끼는 편입니까?

● 여러분이 만일 자기 시간을 통제하지 못하는 사람이라면, 다음에 열
  거해 놓은 이유들 가운데 어떤 것이 그 배후 원인입니까(에베소서 5
  장 16절)?

  ● 무엇이든지 다 해낼 수 있다는 태도('문제없어! 내가 할께!')
  ● 다른 사람의 감정에 대하여 지나치게 책임감을 느끼는 태도

울타리와 자기

- 현실적인 걱정이 부족함
- 현재 이 순간에만 너무 집착하면서 살기 때문에 계획을 세우는 것을 무시함
- 합리화('모두 내 친구들인 걸. 이해해 주겠지.')

임무 완성

- 여러분은 출발은 그럴듯하게 잘하면서도 끝맺음은 제대로 해내지 못하는 사람 축에 낍니까? 여러분은 운동 프로그램이나 다이어트, 성경연구 프로그램, 또는 성경암기 계획 같은 것들을 여러 번 시도했지만 결국은 얼마 못 가서 그만두고 말았습니까? 여러분은 자신의 창조적인 생각들을 성공으로 이끈 적이 한번도 없습니까?

- 만일 여러분이 끝맺음을 잘 못하는 사람이라면, 다음의 여러 가지 원인들 가운데 어떤 것이 그 배후 원인입니까(잠언 21장 5절)?

  - 구조에 대한 저항
  - 성공과 시기, 비판, 그리고 친구를 잃는 것에 대한 두려움
  - 최종 마무리의 결핍
  - 갈피를 못 잡음
  - 만족을 늦출 줄 모름
  - 다른 압박이나 사람이나 프로젝트에 대하여 '아니오'라는 말을 하지 못함

울타리 갈등

혀

- 여러분은 다른 사람을 축복하고, 공감하고, 동일시하고, 격려하고, 대면하고, 권고하는 일에 여러분의 혀를 얼마나 자주 사용하고 있습니까?

- 여러분은 성경의 금지 명령에 따르지 않고(잠언 10장 19절 ; 17장 27절 ; 마태복음 12장 36절), 다음과 같은 일에 여러분의 혀를 너무 자주 사용하고 있지는 않습니까? 어떤 일에 그렇습니까?

  - 친밀함으로부터 숨기 위하여 쉴새없이 조잘거림
  - 다른 사람을 지배하기 위하여 대화를 장악함
  - 험담
  - 신랄한 비평을 통해서 간접적인 적대감을 표출함
  - 누군가를 위협함으로써 직접적인 적대감을 드러냄
  - 진지하게 칭찬을 하지 않고 잡담만 늘어놓음
  - 부추김

성

- 여러분은 무절제한 성행위(강박적인 자위 행위, 강박감에 사로잡힌 이성애적 또는 동성애적 관계·포르노·매춘·노출증·관음증·음란 전화, 성추행이나 외설의 자유, 어린이에 대한 성적 학대, 근친

상간, 강간)에 사로잡혀 있습니까?

● 하나님께서는 빛 가운데 살아가라고 우리에게 명령하십니다(에베소서 5장 8-11절). 방금 고백한 행동들을 어둠으로부터 끌어내고, 그것이 좀더 가혹한 폭군으로 자리잡기 전에 미리 치유되도록 하기 위하여, 여러분은 무엇을 할 생각입니까?

알코올과 약물 남용

● 여러분은 알코올, 그리고/또는 약물을 남용하고 있습니까(고린도전서 3장 16-17절)? 자신의 행위에 대하여 여러분 스스로에게 정직합니까?

● 알코올, 그리고/또는 약물 남용 때문에 여러분은 현재 이혼이나 실직, 재정적인 파산, 또는 의료 문제에 직면해 있는 실정입니까?

● 무절제한 영혼이 그대로 드러나는 일곱 가지 영역에 관하여 살펴보

울타리 갈등

고 난 지금, 여러분은 자기 내부의 울타리 조건에 관해 무엇을 깨달 았습니까? 튼튼한 부분은 어디입니까? 좀더 튼튼해졌으면 하고 바라는 부분은 어디입니까?

왜 내가 '아니오!'라고 말해도 효과가 없는 것일까?

여러분은 앞에서 통제가 불가능한 영역들에 관하여 읽으면서, 어쩌면 실망감과 좌절감을 느꼈을지도 모릅니다. 여러분은 한두 가지 문제에 대하여 공감했을 수도 있고, 이러한 내적인 영역에 성숙한 울타리를 쌓지 못한 데 대하여 낯익은 실망감을 맛보았을 수도 있습니다. 왜 우리의 '아니오'는 우리들 자신에게 효과가 없는 것일까요? 다음의 세 가지 이유에 대하여 생각해 보십시오(355쪽).

우리의 가장 큰 적은 바로 우리 자신입니다. 다른 사람에게 경계를 쌓는 일보다는 자기 자신에게 경계를 쌓는 일이 더 어려운 법입니다(355쪽).

● 자신이 원하는 일이 아니라, 전혀 원하지 않는 일을 하고 있는 부분은 어디입니까? 바울은 이 문제 때문에 투쟁을 했습니다(로마서 7장 15-19절). 여러분이 투쟁하고 있는 내면의 문제는 무엇입니까?

● 여러분은 자신이 타락한 행동을 했을 경우 얼마나 용서하고 있습니까? 스스로에 대하여 어느 정도로 정직한가요? 다시 말해서, 여러

울타리와 자기

분이 투쟁하고 있는 동안 여러분의 머리 속에 들어있는 비판가는 뭐라고 말하나요?

자기에게 문제가 있을 때, 다른 사람의 도움이 가장 필요할 때 도리어 관계로부터 움츠러드는 것은 타락하는 그 순간부터 인간이 지니고 있던 하나의 본능입니다(창세기 3장 10절). 우리의 울타리 문제가 음식에 관한 것이든, 아니면 약물이나 성이나 시간이나 프로젝트나 혀나 돈에 관한 것이든, 그 문제를 허공에서 풀 수는 없는 노릇입니다. 우리가 스스로를 고립시키면 시킬수록, 우리의 투쟁은 점점 더 힘겨워질 뿐이지요(355-356쪽).

● 여러분은 문제에 부딪혔을 경우 물러서는 편입니까? 그 결과, 여러분은 위에서 말한 투쟁에 관하여 아무에게도 말하지 않는 쪽을 선택하고 있습니까? 혼자서 그것을 극복해 보려고 애쓰고 있습니까?

● 포도나무(요한복음 15장 1-6절)와 우리 몸(에베소서 4장 16절)에 관한 비유, 그리고 야고보서 5장 16절의 교훈은, 여러분이 자기-울타리 문제와 대면할 때에 하나님과 그 백성에게 연결되는 것의 중요성에 관하여 뭐라고 가르치고 있습니까?

울타리 갈등

우리는 자기 울타리 문제를 해결하는 데 의지력을 발휘하려고 애쓰는 경향이 있습니다. 우리는 하나님과 자기 자신에게 어떤 행동을 그만두겠노라고 맹세합니다. 그러나, 만일 우리에게 필요한 것이 악을 극복하려는 의지뿐이라면, 구세주 역시 우리에게 전혀 필요없게 될 것입니다(고린도전서 1장 17절). 사실, 의지는 관계(신명기 3장 28절) —— 십자가 위에서 약속하신 관계의 힘 —— 에 따라 강화되는 것입니다(358-360쪽).

● 여러분은 변화되겠노라는 맹세를 얼마나 잘 지켰습니까?

● 이러한 접근 방법이 어떻게 해서 의지력을 숭배하도록 만드는지 설명해 보십시오.

자기 자신에 대하여 울타리 쌓기

자기-울타리 안에서 성숙해지는 방법을 배우기란 그리 쉬운 일이 아닙니다. 하나님께서 여러분보다 훨씬 더 여러분의 성숙과 자기-통제를 바라고 계신다는 사실을 명심하십시오(데살로니가전서 2장 11-12절). 제6과에서 살펴보았던 울타리 점검 목록의 수정 문구는 여러분이 자신의 무절제한 행동에 대하여 경계를 세우고 또 그 경계를 발달시킬 수 있도록 도와 줄 것입니다(361쪽).

증상이 무엇입니까?

이 증상들을 현재 여러분이 안고 있는 특수한 울타리 문제를 밝히기 위한 안내도로 살려 쓰십시오(마태복음 16장 1-3절 ; 361쪽).

● 여러분 자신에게 '아니오!'라는 말을 할 수 없어 겪고 있는 파괴적인 열매(우울증이나, 불안이나, 공황이나, 공포증이나, 격노나, 관계 갈등이나, 고립이나, 일 문제나, 신체화 문제나, 강박적인 행동)는 무엇입니까?

무엇이 그 원인입니까?

자기-울타리 문제의 원인을 밝혀 내고 나면, 자기 자신이 그 문제에 어떤 공헌을 했는지(자기가 어떻게 죄를 지었는지)와, 자신의 발달 장애(자기가 어떻게 비난받아 왔는지)와, 그 문제에 공헌했을 수도 있는 중요한 관계들까지도 쉽게 알 수 있습니다(마태복음 7장 17절 ; 361쪽).

● 여러분의 자기-울타리 갈등을 불러일으키는 원인은 다음 중 무엇입니까?

　● 경계 정하기나, 자기 행동 때문에 빚어진 결과 감수하기나, 만족 늦추기 등에 대한 훈련 부족
　● 파괴적인 행위에 대한 보답: 무절제한 행동이 관계를 가져다 준다고 배움

●
울타리 갈등

- 합법적이고 천부적인 욕구로 왜곡
- 관계에 대한 두려움——무절제한 행동으로 다른 사람들의 접근을 막음
- 태어나서 처음 몇 년 동안에 채워지지 못한 사랑에 대한 굶주림
- 법을 존중하는 분위기 속에서 자라남——이제 와서 반항함
- 어렸을 때 무시를 당하거나 학대를 받았던 정서적 상처를 숨김

울타리 갈등은 무엇입니까?

- 여러분은 음식이나 돈·시간·임무 완성·혀·성, 또는 알코올 남용이나 약물 남용과 관련하여 약한 울타리를 가지고 있거나, 아니면 아예 울타리가 없는 사람입니까? 여러분의 삶에서 이것 외에 또 어떤 영역들이 통제 불가능한 것인지 알아볼 수 있는 통찰력을 주시라고 하나님께 간구해 보십시오.

누가 책임을 져야 합니까?

- 여러분의 행동 양식은 곧장 가정 문제나 무시·학대, 또는 정신적 외상으로까지 거슬러 올라갈 수 있습니다. 하지만, 그럼에도 불구하고, 여러분 자신이 여러분의 울타리 갈등을 책임져야 함은 무엇 때문인지 설명해 보십시오(갈라디아서 6장 5절).

울타리와 자기

여러분에게 필요한 것은 무엇입니까?

● 하나님의 백성과 관계가 끊어질 경우, 여러분은 자기 자신에 대한 통찰력과 통제력을 얻는 데 심각한 방해를 받게 됩니다. 안전하고, 믿음직스럽고, 친절하고, 진실한 관계는 영적·정서적 연료입니다. 여러분에게 이런 연료를 공급해 주고 있는 관계는 어떤 관계입니까? 아니면, 지금부터라도 그런 관계를 확립하려면 어디로 가야 할까요(마태복음 5장 1-6절)?

● 누가복음 11장 24-26절을 읽어 보십시오. 이 비유를 통해서 예수님은 증상 위주의 해결책에 관하여 뭐라고 말씀하십니까? '여러분'의 집에 하나님과 인간을 향한 사랑이 넘쳐 나지 않을 때, 여러분이 처하게 되는 위험은 어떤 것입니까?

여러분이 어떻게 시작할 수 있을까요?

● 일단 자신의 울타리 문제를 밝혀내고 기꺼이 그것을 책임질 준비가 되면, 그 다음에는 여러분의 실제적인 욕구를 확인해야 합니다. 그래야만 비로소 여러분은 무절제한 행동을 조절할 수가 있습니다. 증상 위주의 문제가 아니라, 여러분이 해결하고자 하는 실제적인 문제는 무엇입니까?

울타리 갈등

● 여러분의 실제적인 욕구를 확인할 때에는, 자기-울타리 문제가 재발한다는 사실을 명심해야 하며, 따라서 자신의 실패를 용납할 줄도 알아야 합니다(히브리서 5장 14절). 실패를 포용하는 것이 그토록 중요한 까닭은 무엇입니까?

● 자신에 대하여 울타리를 쌓는 일에 실패했을 경우, 여러분은 그것에 관하여 신중하게 가르쳐 줄 만한 사람을 찾아내야 합니다——그런 다음에는, 다른 사람의 공감어린 반응에 귀기울여야 합니다. 여러분의 삶에서, 귀기울여 들을 만한 공감어린 반응을 들려 주는 사람은 누구입니까? 사랑 안에서 여러분에게 진실을 말해 주고 있는 사람은 누구입니까?

● 우리 자신의 사랑 결핍이나 책임감 결핍 때문에 빚어진 고난이라면, 우리는 이 결과를 스승으로 모셔야 합니다. 하나님의 가르침이나 그 분을 섬기는 이들의 말을 듣고도 얻을 수 없었던 교훈을, 결과 때문에 얻은 적이 있다면 언제입니까? 여러분의 울타리 결핍과 그 결과로 생긴 무절제한 행위 때문에 겪었던, 또는 앞으로 겪을 수도 있는 결과는 무엇입니까?

울타리와 자기

● 반응에 귀가울이고 결과를 감수해낼 때, 여러분에게는 사랑이 넘치고 도움이 될 만한 사람, 그러면서도 여러분을 구제해 주지는 않을 사람, 그런 사람이 주위에 꼭 필요합니다. 비판적이고 부모처럼 구는 사람보다도 공감해 줄 줄 아는 친구가 더 도움이 되는 것은 왜입니까(갈라디아서 6장 1절)? 여러분을 구제해 주는 사람보다도 그런 친구가 더 도움이 되는 이유는요? 여러분은 자기-울타리 문제를 지닌 사람들에게 어떤 친구가 되어 주고 있습니까? 여러분의 삶에서 비판적이고 부모처럼 구는 친구의 역할을 도맡고 있는 사람은 누구입니까? 구제자 역할을 하고 있는 사람은요? 공감해 줄 줄 아는 친구 역할을 하고 있는 사람은요?

앞에서 살펴본 자기-울타리 발달의 5대 공식은 다분히 순환적인 것입니다. 이 순환 고리를 통과할 때마다 —— 진정한 욕구를 발견하고, 실패를 겪고, 공감대 형성을 받아들이고, 결과를 감당해 내고, 그리고 회복을 맞게 될 때마다 —— 여러분은 매번 좀 더 튼튼한 내적 울타리를 쌓을 수가 있습니다 (361-372쪽).

만일 여러분이 희생양이라면

자기 자신에 대하여 울타리를 쌓는 것은 언제나 어려운 일이지만, 특히 아동기 때 울타리를 심하게 침해받은 경험이 있는 사람들의 경우에는 더더욱 버거운 일이 될 것입니다(시편 129편 1-3절 ; 372쪽).

● 여러분이 만일 아동기 때 희생을 한 적이 있다면, 어떤 종류의 희생——

울타리 갈등

언어적 · 정서적 · 신체적 · 성적 희생이나 또는 그 밖의 어떤 희생——
이었습니까?

●372쪽과 희생 때문에 빚어지는 결과를 다시 한번 살펴보십시오. 여
러분이 겪은 결과는 이것들 가운데 어떤 것이었습니까?

●자기 자신을 신뢰할 수 있는 능력은, 우리가 다른 사람을 신뢰할 수
있는 존재로 경험하게 될 때 비로소 생겨나는 것입니다. 여러분의
삶 속에서, 여러분이 다른 사람을 신뢰하는 데 문제가 있다는 사실
을 가장 잘 보여 주는 증거는 무엇입니까? 여러분 자신을 신뢰하는
데 문제가 있다는 사실을 가장 잘 보여 주는 증거는요(요한1서 4장
18절)?

●희생양들은 자신이 공동 재산이라고 생각할 때가 많습니다——그저
다른 사람들이 요청하기만 하면, 자기의 자원이나 몸이나 시간까지
도 모두 다 내주어야 한다고 생각하는 것이지요. 여러분 자신도 이
렇게 생각하는 사람들 축에 끼나요? 이 같은 생각이 여러분의 자기
-울타리 문제에 어떤 식으로 기여하고 있다고 생각합니까?

울타리와 자기

● 희생으로 인한 또 다른 상처는 "모든 것이 악하고," 부당하고, 더럽
고, 수치스럽다고 여기는 심오하고도 왜곡된 인식입니다——다른 사
람들이 아무리 가슴에 사랑의 불꽃을 품고 다가가더라도 말이지요.
여러분도 이 같은 인식을 지니고 있는 사람들 축에 끼나요? 만일 그
렇다면, 여러분의 삶 속에서, 여러분이 자신을 가치 있은 사람으로
여기지 않기 때문에 자신을 돌볼 수도 없다는 사실을 잘 보여 주는
증거는 무엇입니까(에베소서 1장 4-6절)?

희생양의 조력자인 울타리

울타리 작업은 희생양들이 회복과 치유를 향하여 앞으로 나아가는 데 큰
도움을 줄 수 있습니다. 그렇지만 대부분의 경우, 전문적인 도움 없이 희생
양 혼자서 울타리를 세운다는 것은 불가능한 일입니다. 만일 여러분이 학대
당하고 있는 희생양이라면, 우리는 적절한 울타리를 세우고 또 그 울타리를
지켜 낼 수 있도록 도와줄 상담가를 찾아보라고 강력하게 요구하는 바입니
다. 하나님은 하나님 백성의 삶 속에서 위대한 치유의 역사를 행하시기 위
하여 그런 관계를 이용하실 수 있으며, 또 실제로 그렇게 하고 계십니다
(375쪽).

● 만일 여러분이 전문가로부터 도움을 받고 있는 중이라면, 여러분 혼
자서 할 수 없었던 일들을 할 수 있도록 그 사람이 어떻게 도와주었
습니까? 여러분은 지금 비난을 강화시키는 상담을 받고 있습니까,
아니면 여러분 스스로 삶을 책임질 수 있도록 도와주는 상담을 받고

울타리 갈등

있습니까?

● 만일 여러분이 아직까지도 전문적인 도움을 받지 않고 있다면, 무엇
  이 그렇게 여러분을 가로막고 있습니까? 전문적인 도움을 받아들인
  사람들에 관하여 어떻게 생각하나요?

✤
――――――――――――――――――――― 기도 ―――――――――――――

  거룩하신 하나님, 음식/소비/시간/임무 완성/혀/성/알코올과 약
물 남용 등의 영역에서 무절제한 저의 영혼이 명백히 드러나게 됨을
고백합니다. 이 문제들을 극복하기 위하여 제 자신의 의지력에 기대지
않고 구원의 주님께로 향할 수 있게 하시니, 정말 감사합니다. 예수님,
제 눈을 열어 주셔서, 무절제한 제 영혼의 증상들과, 그 원인과, 연약
하거나 아니면 아예 있지도 않은 제 울타리를 바로 볼 수 있게 해주십
시오. 무절제한 행동으로 채우려고 애쓰고 있는 저의 욕구들을 보여
주시고――그 필요들을 채울 수 있는 더 나은 방법들을 보여 주십시
오. 제 자신을 책임질 수 있게 도와주십시오. 공감할 수 있는 친구들
과, 저에게 도움을 줄만한 사랑 많은 후원자들을 보내 주십시오. 제 행
동의 결과를 통해 배울 수 있는 능력, 친구들의 사랑을 받아들일 수 있
는 능력, 그리고 하나님의 치유 능력과 구원 능력에 바탕을 둔 희망을
저에게 부어 주십시오. 예수님의 이름으로 기도합니다. 아멘.

11

울타리와 하나님

성경은 규칙과 원칙, 그리고 어떻게 해서 이 땅이 존재하게 되었는가를 설명해 놓은 이야기가 담긴 책이라기보다는, 차라리 관계 —— 백성에 대한 하나님의 관계, 하나님에 대한 백성의 관계, 백성들 서로간의 관계 —— 에 관하여 생생하게 기록해 놓은 책이라고 할 수 있습니다. 성경은 창조자·통치자·해방자이신 하나님에 관한 책입니다. 성경은 "하나님을 사랑하고, 네 이웃을 네 몸처럼 사랑하라"(마태복음 22장 37-40절)는 메시지 —— 단순하면서도 지키기는 어려운 계명 —— 를 전달해 줍니다. 하나님을 사랑하고 서로 사랑하라는 명령을 지키기가 어려운 이유들 가운데 하나는 바로 울타리 문제입니다. 성경은 우리가 이 사랑의 계명을 위하여 무엇을 해야 할지 깨달을 수 있도록 도와 주는 울타리를 뚜렷하게 정해 줍니다(378-379쪽).

울타리를 존중하기

우리는 하나님과의 관계에서 개인적인 울타리를 지니고 있습니다. 하나님은 우리의 울타리를 존중해 주십니다. 우리 역시 하나님의 울타리를 존중해 드려야 합니다(378-379쪽).

첫째, 하나님은 우리가 반드시 해 낼 수 있는 일만을 과제로 남겨 주심으로써, 우리의 울타리를 존중해 주십니다. 또한, 하나님은 우리가 자기 행동으로 인한 고통스러운 결과를 경험하도록 허락해 주십니다. 우리가 멸망하지 않고, 변화를 일으킬 수 있도록 말이지요(베드로후서 3장 9절 ; 에스겔 18장 23절 ; 378-379쪽).

● 오직 우리만이 할 수 있는 일로, 하나님께서 우리 인류에게 맡기신 일은 무엇입니까? 예를 들면, 마태복음 25장 13-29절이나 빌립보서 2장 12절을 읽어 보십시오.

● 여러분이 변화할 수 있도록, 하나님께서 여러분이 겪을 수 있게 허락하신 행동의 결과는 무엇입니까?

둘째, 하나님은 우리의 '아니오'를 존중해 주십니다. 하나님은 우리에게 선택권을 주십니다. 우리가 '아니오!'라고 말할 때, 하나님은 그것을 허락하시고 여전히 우리를 사랑해 주십니다(379쪽).

● 다음 본문들은, 우리가 '아니오!'라고 말할 때 하나님께서 어떻게 반응하시는지에 관하여 뭐라고 가르치고 있습니까?

울타리 갈등

● 마태복음 19장 16-22절

● 누가복음 15장 11-24절

제리의 외도에 관한 이야기(380-381쪽)를 기억하십니까?

● 결국은 제리가 변화를 일으킬 수 있도록 만들었던 정직의 단계는 무
  엇입니까?

● 제리의 이야기를 통해 하나님께서는 여러분에게 뭐라고 말씀하십니
  까? 여러분 자신에 대하여 전적으로 정직해져야 할 부분은 어디입
  니까? 여러분의 삶에서, 하나님께 '아니오!'라고 말하고 있는 부분
  은 어디입니까?

● 제리의 경험은, 우리가 정직하게 하나님께 '아니오!'라고 이야기할
  때 어떤 일이 생기리라는 희망을 안겨 줍니까?

●
울타리와 하나님

정직하게 '아니오!'라고 말할 때, 우리는 하나님을 회피하는 것이 얼마나 파괴적인 행동인가를 깨달을 수 있으며, 나아가 정의로움을 향해서도 진정한 굶주림과 목마름을 느낄 수도 있습니다. 하나님에 대한 우리 자신의 울타리를 책임지기 전에는 —— 우리가 하나님께 '아니오!'라고 말하고 있는 영역에 대하여 하나님과 우리 자신에게 정직해지기 전에는 —— 결코 우리 울타리를 변경시킨다거나 하나님이 우리 울타리에 역사하시도록 만들 수가 없습니다(마태복음 21장 28-32절 ; 229-30쪽).

자신의 진정한 됨됨이를 정직하게 인정할 수 있을 때, 비로소 우리는 하나님에 대한 분노를 표출할 수 있는 여유도 갖게 됩니다(욥기 13장 3절). 하나님은 우리가 하나님께 정직해지기를 바라고 계십니다. 우리가 자기 울타리 안에 있는 것들을 인정할 때, 그리고 우리가 그것을 밝히 드러낼 때, 하나님께서도 하나님의 사랑으로 그것을 변화시키실 수가 있습니다. 안심하십시오. 하나님은 우리 '중심'이 진실하기를 바라고 계십니다(시편 51편 6절). 하나님은 자신과 진실한 관계를 맺을 사람을 찾고 계십니다(요한복음 4장 23-24절 ; 381-382쪽).

● 여러분은 편안한 마음으로 하나님께 자신의 분노를 표출하고 있습니까? 그렇다면 왜 그렇고, 그렇지 못하다면 왜 그렇지 못한가요?

● 만일 여러분이 하나님께 분노를 표출할 수 있다면, 어떤 식으로 표출하고 있습니까?

●
울타리 갈등

● 만일 여러분이 편안한 마음으로 하나님께 분노를 표출하지 못하고 있다면, 도대체 무엇을 두려워하고 있기 때문입니까? 버림받는 것입니까? 보복입니까? 그 밖의 다른 무엇입니까?

● 어떤 것에 관하여 하나님께 분노를 표출하고 싶습니까? 하나님과 좀 더 진실한 관계를 맺기 위한 단계를 밟아 나가십시오.

그분의 울타리를 존중해 드리기

하나님은 우리의 울타리를 존중해 주시며, 자신의 울타리 역시 존중받기를 원하십니다. 그분이 어느 쪽을 선택하신다거나 우리에게 '안 돼!'라고 말씀하신다면, 그것은 전적으로 그분의 권리이며 그분의 자유입니다. 만일 우리가 하나님과 진정한 관계를 맺고 있다면, 그분의 자유를 존중해 드려야 합니다(383쪽).

● 하나님이 여러분에게 '안 돼!'라고 말씀하신 것은 언제입니까?

● 여러분은 하나님의 '안 돼'에 어떤 반응을 보였습니까?

울타리와 하나님

● 하나님의 울타리에 대한 위의 견해는 그러한 상황에 관하여 뭐라고
  말해 주고 있습니까?

  우리는 사람들이 우리가 바라는 대로 행동하지 않을 때 '나쁜 사람'이라
고 말합니다. 우리는 사람들이 그들 자신이 되는 것에 대하여, 그리고 그들
자신의 소망을 이루는 것에 대하여 비난을 합니다. 우리는 사람들이 그들
자신에게 가장 좋다고 생각되는 일을 할 때, 그리고 그것이 우리가 그들에
게 바라는 일이 아닐 때, 그때마다 그들로부터 사랑을 거두어들입니다(383
쪽).

● 여러분이 하나님을 이같이 대접한 것은 언제입니까? 자세히 적어 보
  십시오.

● 여러분이 싫어하는 일을 하신다 하더라도, 여전히 하나님께서 여러
  분을 순전하게 사랑해 주신다는 증거는 어디 있습니까? 로마서 5장
  8절과 히브리서 12장 11절을 읽어 보십시오.

  하나님은 우리에게서 자유로우신 분이며, 그러한 자유가 하나님이 우리를
사랑하도록 만듭니다. 성경에는, 하나님의 자유와 충돌했다가 그것을 포용

●
울타리 갈등

하는 방법을 배우게 된 인물들이 많이 등장합니다. 그 결과, 그들은 하나님과의 관계를 더욱 더 돈독히 할 수 있었습니다(384-385쪽).

● 교재 384쪽을 들여다보십시오. 하나님을 있는 그대로 받아들이는 것에 관하여 다음 인물들은 뭐라고 가르치고 있습니까?

  ● 욥

  ● 바울(고린도후서 12장 7-10절)

  ● 예수님(히브리서 5장 7-10절)

● 오늘 여러분의 삶 속에서 하나님을 있는 그대로 받아들여야 할 부분—하나님께서 자유로이 선택하시고, 자유로이 '안 돼!'라고 말씀하실 수 있게 해드려야 할 부분—은 어디입니까?

우리가 다른 사람들이 우리의 '아니오'를 존중해 주길 바라는 것처럼, 하

●
울타리와 하나님

나님 역시 우리가 하나님의 '안 돼!'를 존중해 드리길 바라고 계십니다. 하나님은 자신이 어떤 선택을 내렸을 때 우리가 하나님을 나쁜 ××라 부르는 걸 원치 않으십니다. 우리는 죄책감을 이용하여 우리를 교묘히 조종하거나 지배하려고 드는 사람들을 좋아하지 않습니다. 이와 마찬가지로, 하나님 역시 우리가 그러는 것을 싫어하십니다(385-386쪽).

"공손히 반대하는 바입니다"

하지만, 하나님은 우리가 관계 속에서 수동적인 인물이 되는 것 또한 원하지 않으십니다. 때로는 대화를 통해서 하나님이 자신의 마음을 바꾸시기도 합니다. 성경에서 가장 놀라운 가르침들 가운데 하나는 바로 우리가 하나님께 영향을 미칠 수 있다고 하는 점입니다(이사야 1장 18절). 만일 그렇지 않다면, 우리와 하나님의 관계는 진실한 관계가 될 수 없었을 것입니다(386쪽).

● 창세기 18장 16-33절을 읽어 보십시오. 아브라함은 하나님께서 어떤 결정을 바꾸시길 원했습니까?

● 아브라함은 하나님께 어떤 식으로 접근했습니까? 그의 전략을 설명하고, 그 전략이 효과를 거두게 된 이유가 무엇이라고 생각하는지 이야기해 보십시오.

울타리 갈등

● 다음 두 본문은 하나님께 영향을 미칠 수 있는 우리의 능력에 관하
여 뭐라고 가르치고 있습니까?

● 누가복음 11장 5-9절

● 누가복음 18장 1-8절

하나님은 우리가 하나님의 울타리를 존중해 드리길 원하십니다. 하나님은
자신이 우리에게 '안 돼!'라고 말씀하신다고 해서 우리가 자신의 사랑을 거
두어들이는 일이 없기를 바라십니다. 하지만, 우리가 마음을 바꾸시라고 계
속해서 설득한다면 우리의 노력에 견줄 만한 것이 아무 것도 없을 것입니
다. 사실, 하나님은 우리더러 집요해지라고 요구하십니다(386-387쪽).

● 이 가르침을 통해서, 하나님이 여러분에게 집요해지라고, 또 하나님
이 스스로 마음을 바꿀 수 있도록 설득하라고 요구하시는 부분은 어
디입니까?

비록 하나님께서 우리의 요구에 응답하시기는 하지만, 그래도 우리는 그분의
바람을 존중해 드리고 그분과의 관계 속에 머물러 있어야 합니다(387쪽).

울타리와 하나님

그분의 소유를 존중해 드리기

우리가 하나님의 울타리를 존중해 드리는 것과 하나님께서 우리의 울타리를 존중해 주시는 것 이외에, 하나님은 우리가 어떤 식으로 우리 자신의 소유를 존중해야 할 것인가에 대해서도 훌륭한 모범을 보이셨습니다. 하나님은 '이만하면 충분하다'고 생각하실 때마다, 일을 좀더 낫게 만들 수 있을 만한 자신의 소유물과 자신의 마음을 존중하십니다. 하나님은 하나님의 고통에 대하여 책임을 지시고, 하나님의 삶을 다른 방향으로 이끌어 가십니다. 예를 들면, 하나님은 거절하는 사람들을 가게 내버려 두고 새로운 친구들에게 다가가십니다. 우리는 상처를 입었을 때, 예수님처럼 그 상처에 대하여 책임을 지고 상황을 좀더 나은 방향으로 이끌 수 있는 적절한 방법을 찾아내야 합니다(387-388쪽).

하나님은 궁극적인 책임자이십니다. 마태복음 22장 1-14절에 실려 있는 혼인 잔치의 비유를 읽어 보십시오.

● 그 이야기를 요약하십시오.

● 그 상황에 대하여 왕은 어떤 책임을 지고 있습니까? 왕은 무슨 일을 합니까?

● 이 비유는 하나님이 하나님 자신의 울타리를 존중하시는 것에 관하

울타리 갈등

여 뭐라고 가르치고 있습니까? 우리는 우리 자신의 소유물을 어떻게 존중해야 합니까?

● 여러분이 자신의 고통을 책임져야 할 부분은 어디입니까?

● 가게 내버려 두어야 할 것은 무엇입니까? 여러분 쪽에서 다가서야 할 것은 무엇입니까?

진정한 관계

관계는 곧 복음의 내용입니다. 관계는 '화해'에 관한 복음입니다(로마서 5장 11절 ; 골로새서 1장 19-20절). 관계는 적대자들까지도 하나되게 해주고 (골로새서 1장 21절), 하나님과 인간의 관계, 그리고 인간들 사이의 관계도 치유해 줍니다(389쪽).

● 여러분의 삶에서 복음이 지닌 화해의 힘을 경험한 것은 언제입니까? 어떤 일이 있었는지 자세히 이야기해 보십시오.

● 여러분이 화해의 복음을 불러들여야 할 관계는 어떤 관계입니까?

   울타리는 하나님이 만드신 관계라면 그 어느 곳에라도 존재하는 것입니
다. 울타리는 서로 사랑하고 있는 두 사람의 경계를 정해 주는 것입니다
(389쪽).

● 하나님과 우리 사이의 울타리는, 우리와 하나님 사이의 근본적인 합
   일이나 통일에 매우 중요한 요소입니다(요한복음 17장 20-23절).
   하나님과 여러분의 뚜렷한 정체성을 확립하는 것이 하나님과 여러분
   의 진정한 관계에서 중요한 것은 왜일까요?

● 하나님이 누구이신가에 대하여, 그리고/또는 그분의 피조물인 여러
   분은 누구인가에 대하여 잘 몰라서, 여러분과 하나님의 관계가 방해
   를 받은 것은 언제입니까? 자세히 적어 보십시오. 만일 지금까지도
   그런 부정확성이 방해를 하고 있다면, 어느 영역에서입니까? 하나님
   과 여러분 자신의 울타리를 명확하게 이해하기 위하여 어떤 일을 할
   생각입니까?

   울타리는 우리가 최선의 상태 —— 하나님의 형상 —— 에 이를 수 있도록

●
울타리 갈등

도와줍니다. 울타리는 우리가 하나님을 있는 그대로 바라볼 수 있도록 만들어 줍니다. 울타리는 우리가 삶을 극복해 나가고, 우리의 책임과 요구를 다 완수할 수 있도록 도와줍니다. 만일 우리가 그분을 위하여 그분의 일을 하려든다면 실패하고 말 것입니다. 만일 우리가 하나님께서 우리를 위하여 우리의 일을 해주시길 원한다면, 하나님 편에서 거절하실 것입니다. 하지만, 만일 우리가 우리 일을 하고 하나님께서 하나님의 일을 하신다면, 우리는 우리를 창조해 주신 하나님과의 진실한 관계 속에서 강하고 담대한 힘을 얻을 수 있을 것입니다(390쪽).

✤

———————————— 기도 ————————————

사랑과 용서의 하나님, 하나님은 저에게 하나님과 이웃을 사랑하라고 명령하셨습니다. 그러나, 너무도 자주 그 명령을 어기고 있음을 저는 고백합니다. 왜 그런가에 대하여 통찰력을 주시고, 또 제가 사랑을 베풀 수 있도록 울타리 발달에 대한 희망을 주시니, 정말 감사합니다. 제 울타리를 존중해 주시고, 저에게 할 일을 주시며, 선택권을 주시고, 제 행동의 결과를 통해 경험하고 배울 수 있게 하시며, 저의 '아니오'를 존중해 주시니, 그 또한 감사합니다. 언제 제가 하나님께 '아니오!'라고 말해야 할지를 명확히 알게 하셔서, 하나님과 하나님의 정의에 굶주리고 목말라할 수 있도록, 하나님과 진정한 관계를 맺을 수 있도록 도와주십시오. 또한 제가 하나님께 느낄 수 있는 분노를 정직하게 드러낼 수 있도록 도와주십시오.

하나님은 제 울타리를 존중해 주십니다. 제가 하나님의 울타리를 존

●
울타리와 하나님

중해 드리지 못한 점, 용서해 주십시오. '안 돼!'라고 말씀하실 수 있는 하나님의 권리를 존중해 드리고, 십자가를 통해 증명된 저를 향한 하나님의 순전한 사랑을 신뢰하고, 나아가 하나님이 하나님 되시게 해 드릴 수 있도록 저를 가르쳐 주십시오. 하나님이 하나님 되실 수 있도록 해드려야 함과 동시에, 저를 하나님과의 관계 속에서 수동적이지 않은 인물로 초대해 주시고, 또 끊임없이 기도하고 집요하게 요구할 수 있는 인물로 초대해 주시니, 정말 감사합니다. 제 삶의 상황들과 제가 느끼는 고통들을 책임질 수 있도록 저를 가르쳐 주십시오. 낯익은 것들을 떠나 보내고 뭔가 새로운 것을 향해 나아가야 할 때, 저에게 용기를 불어넣어 주십시오. 전능하신 하나님, 은혜로우신 아버지, 저는 하나님과 좀더 친밀하고 좀 더 진실한 관계를 맺게 되기를 고대하고 있습니다. 아멘.

울타리 갈등

제 3 부
튼튼한 울타리를 발달시키기

12

울타리에 대한 저항

우리는 지금까지 우리 삶에 울타리가 꼭 필요하다는 것과 울타리가 얼마나 가치있는 것인가에 대하여 살펴보았습니다. 사실, 우리는 울타리가 없는 삶은 결코 삶이 아니라고 말한 것이나 다름없습니다. 그렇지만, 울타리를 세우고 그 울타리를 지키는 데에는 엄청난 노력과 훈련과 욕구가 필요합니다 ── 이 가운데서도 가장 중요한 것은 물론 울타리에 대한 욕구이겠지요 (393쪽).

추진력

울타리의 저변에 깔려 있는 추진력은 바로 욕구입니다. 우리는 대체로 우리 삶에서 무엇이 옳은 일인가를 잘 알고 있습니다(마태복음 22장 37-40절). 그러면서도, 그럴듯한 이유가 없이는 거의 그 일을 하지 않으려 하지요. 물론, 울타리를 세워서 지키라고 말씀하시는 하나님께 순종해야 한다는 것이 가장 첫째 되는 이유일 것입니다 ── 하지만 때로는 이것만으로 충분치 못할 때도 있습니다. 우리는 옳은 일이 우리 자신에게도 좋은 일이라는 사실을 깨달아야 합니다(*신명기 11장 18-21절 ; 393쪽*).

● 옳은 일이 자신에게도 좋은 일이라는 사실을 깨닫는 것이 여러분으로 하여금 옳은 일을 하도록 도와주었던 것은 언제입니까?

● 울타리에 관한 한, 여러분은 지금 어디까지 와 있습니까? 여러분은 울타리를 세우고 또 그 울타리를 지키는 것이 옳은 일이라는 사실을 이해하고 있습니까? 하나님께 순종하는 행위입니까? 여러분에게 좋은 일입니까?

● 고통은 종종 우리가 어떤 것이 자신에게 좋은지를 알 수 있도록 도와줍니다. 여러분의 고통은 울타리가 여러분에게 좋은 것이라는 인식에 어떻게 기여했습니까?

좀더 나은 삶을 향한 욕구가 아무리 강렬하더라도, 우리는 다른 이유들 때문에 울타리 작업을 꺼릴 수가 있습니다 : 그러면 전쟁이 벌어지고 맙니다. 사소한 충돌이나 큰 전투가 계속됩니다. 말다툼이 벌어지고, 손실이 생깁니다(*394쪽*).

●
튼튼한 울타리를 발달시키기

● 왜 우리는 자신의 성장을 위하여 싸워 나가야 합니까? 에베소서 6
　장 10-13절을 읽어 보십시오.

　하나님은 우리의 구원과 우리의 성화를 보증하셨습니다. 하나님의 처지와
원칙에 맞게 그분은 벌써 우리를 치유하셨습니다. 하지만, 우리는 우리 안
에 있는 그분의 형상을 *끄집어내야 합니다(로마서 8장 29절 ; 빌립보서 2장
12절 ; 394쪽)*.

● 여러분 안에 있는 하나님의 형상을 끄집어내기 위해서, 여러분은 무
　슨 일을 해야 할까요?

　우리 울타리를 되찾는 것은 치유의 과정에 속합니다. 하나님은 우리에게
복을 주시기 위하여, 우리가 누구이며 우리의 경계가 어디인가를 분명히 정
하셨습니다(시편 16편 5-6절). 하지만, 전투에 나가야 할 사람은 바로 우리
입니다. 그리고, 전투는 두 가지 범주로 나누어집니다 : 외부 저항과 내부
저항으로 말입니다(394-395쪽).

외부 저항

　외부 저항이란, 우리가 튼튼한 울타리를 세우고 또 그것을 지키려고 노력
할 때 다른 사람들로부터 받게 되는 저항을 말합니다(395-396쪽).

●
울타리에 대한 저항

줄리는 거의 평생토록 울타리 문제로 힘겨운 시간을 보내 왔습니다. 어렸을 적에 줄리는 권력을 휘두르는 아버지와 죄책감을 이용해서 지배하는 어머니 밑에서 자랐습니다. 줄리는 사람들에게 울타리를 쌓기가 두려웠습니다. 어떤 사람들의 경우에는 그들의 분노 때문에, 그리고 또 어떤 사람들의 경우에는 자기가 '그들에게 상처를 입히게' 될 거라는 죄책감 때문이었습니다(395-396쪽).

● 여러분은 줄리와 얼마나 비슷한 삶을 살고 있습니까? 다른 사람들의 분노가 두렵습니까? 사람들에게 상처를 입히게 될까봐 두렵습니까? 아니면 두 가지 모두 두렵습니까?

● 줄리는 사람들이 자신의 경계에 대하여 강력하게 싸움을 걸어 올 것이라는 사실을 잘 알고 있었습니다. 여러분의 경계에 대하여 강력하게 싸움을 걸어 올 것 같은 사람은 누구입니까?

외부 저항 ── 여러분의 울타리에 대하여 싸움을 걸어오는 사람들의 저항 ──은 여러 가지 유형으로 나누어집니다. 여기에서 우리는 여덟 가지 유형의 외부 저항을 살펴보게 될 것입니다(396-415쪽).

분노의 반작용

사람이 외부로부터 받을 수 있는 가장 일반적인 저항은 바로 분노입니다.

튼튼한 울타리를 발달시키기

● 다른 사람의 울타리에 분노를 터뜨리는 사람은 왜 그럴까요?

● 여러분이 튼튼한 울타리를 세웠다고 해서 화를 내는 사람이 있다면, 여러분은 그 사람에게 어떻게 반응하고 싶습니까? 여러분이 울타리를 세운 것 때문에, 자신이 원하는 것을 얻지 못하고 있는 사람은 누구입니까? 잠언 19장 19절을 읽어 보십시오.

● 어떤 사람의 분노에 대면하는 여섯 가지 단계(397-400쪽)를 다시 한번 들여다보십시오. 새로운 행동이 요구되는 단계는 몇 단계입니까? 희망을 안겨 주는 단계는 몇 단계입니까? 이 여섯 단계를 내면화하고 그것들을 자기 것으로 만들기 위하여 무슨 일을 할 생각입니까? 언제 행동으로 옮길 생각입니까?

　다른 사람이 울타리를 세운다고 해서 화를 내는 사람들은 성격에 문제가 있는 사람들입니다. 그들은 너무도 자기 중심적이어서 세상이 자기를 위해, 그리고 자기를 위로하기 위해 존재하고 있다고 생각합니다. 여러분이 자기 울타리를 지켜 나간다고 화가 난 사람이 있다면, 그 사람은 다른 사람들을 지배하는 일에 자신의 분노를 이용하기 전에 먼저 자기-통제를 배워야 합니다(요나 4장 9-11절 ; 397-400쪽).

●
울타리에 대한 저항

● 화가 난 사람들은, 더 이상 여러분을 지배할 수 없을 경우 여러분과
  의 관계를 끊어 버리려 들 것입니다. 하나님은 여러분과 저를 상대
  로 어떻게 매일 그런 위험을 무릅쓰고 계실까요? 여러분은 분노를
  무기 삼아 여러분의 삶을 지배하려 드는 사람들을 상대로 기꺼이 그
  런 위험을 감수하고 있습니까? 그렇다면 왜 그렇고, 안 그렇다면 왜
  안 그런가요?

하나님은 악에 동참하지 않고 오로지 정의로운 방법만으로 일을 처리하겠
노라고 말씀하십니다. 백성이 자기들의 길을 택했을 때, 하나님은 그들이
가게 내버려 두십니다. 때로는 우리도 관계 속에서 이같이 행해야 합니다
(400쪽).

죄책감 메시지

지배적인 사람의 병기 창고에서 죄책감 메시지만큼이나 강력한 무기는 찾
아 볼 수가 없습니다. 울타리가 약한 사람들은 거의 언제나 자기에게 퍼부
어진 죄책감 메시지를 내면화하고 맙니다. 여러분에게 죄책감 메시지를 쏟
아 놓고 있는 지배자들은, 여러분이 자신의 선택에 대하여 죄책감을 느끼도
록 만들려고 애를 쓰고 있습니다. 포도원 일꾼에 관한 비유에서 농장 주인
이 했던 말을 반드시 명심하십시오 : "내 것을 가지고, 내 뜻대로 할 수 없
다는 말이오?"(마태복음 20장 15절). 물론 성경은 우리에게 베풀라고, 자기
중심적인 사람이 되지 말라고 가르칩니다. 그러나 이것은 누가 우리에게 무
엇을 원한다고 해서 언제든지 베풀어야 한다는 말이 결코 아닙니다. 우리는
자신의 베품에 대하여 통제권을 가지고 있습니다. 우리에게는 자유로이 선

택할 수 있는 권리가 있습니다. 그리고, 우리는 자신의 선택이 자기와 다른 사람에게 미치는 영향에 대하여 책임을 져야 합니다(400-405쪽).

●여러분에게 쏟아진 죄책감 메시지들은 무엇입니까(교재 401쪽에 약간의 목록이 실려 있습니다)? 누가 그랬습니까?

●현재 여러분이 접하고 있는 죄책감 메시지는 무엇입니까?

●죄책감 메시지들을 다루는 데 도움이 되는 여섯 가지 묘안(402-403쪽)을 다시 한 번 들여다보십시오. 여러분에게 죄책감 메시지의 역동성에 대한 새로운 통찰력을 제공해 준 단계는 몇 단계입니까? 여러분이 배운 것들을 자세히 적어 보십시오. 새로운 행동을 요구하고 있는 단계는 몇 단계입니까? 희망을 안겨 주고 있는 단계는 몇 단계입니까? 이 단계들을 내면화하고 여러분의 것으로 만들기 위하여 무슨 일을 할 생각입니까? 언제 행동을 취할 생각입니까?

여러분에게 죄책감을 안겨 주는 사람들이 느끼고 있는 마음의 고통을 공감하십시오. 하지만 그것은 그 사람들의 고통이라는 사실을 유념하십시오. 반응을 멈추십시오(잠언 25장 28절). 공감대를 가지십시오. 귀를 기울여 주

●
울타리에 대한 저항

십시오. 다만 그 비난을 받아들이지는 마시구요. 자신이 아무런 죄책감도
없이 그 사람의 느낌을 듣고 있다는 사실을 그 사람에게 확실하게 알려 주
십시오(405쪽).

결과와 대항 수단

울타리를 세움으로써 빚어지는 결과는 지배적인 사람들의 대항 수단입니
다. 그리고, 이 결과들은 종종 가혹한 것이 될 수도 있습니다(407쪽).

● 여러분의 삶에서, 브라이언 아버지처럼 울타리 쌓기에 반작용을 일
으킬 만한 사람은 누구입니까? 울타리 결핍 때문에 여러분이 지금
얻고 있는 것은 무엇이며, 울타리를 세움으로 잃게 될 것은 무엇인
지를 잘 생각해 보십시오.

울타리를 세우고 자기 삶에 대한 지배력을 확보하게 될 경우, 여러분은
위험에 빠질 수 있습니다. 성경의 메시지는 분명합니다: 위험을 미리 알고
거기에 대처하라는 것이지요(마태복음 7장 24-27절 ; 디모데후서 3장 12절).
울타리를 세우고 다른 사람들의 지배 행위에 맞설 때에는, 베드로를 본받으
십시오 : 눈을 예수님께 고정시켜 두십시오(마태복음 14장 29절 ; 히브리서
12장 2절). 하나님께 도움을 요청하십시오(시편 18편 34절). 그리고, 하나
님께서 여러분의 노력이 열매를 맺을 수 있도록 함께 계셔 주실 것이라는
점을 잊지 마십시오(407-410쪽).

● 여러분이 울타리를 쌓음으로 생겨나는 결과들에 대처하기 위한 다섯

튼튼한 울타리를 발달시키기

가지 단계(408-409쪽)를 다시 한번 들여다보십시오. 지금 여러분이 쌓으려고 생각하고 있는 울타리의 심각성에 대하여 새로운 통찰력을 제공해 준 단계는 몇 단계입니까? 여러분이 배운 것들을 자세히 적어 보십시오. 새로운 행동을 요구하고 있는 단계는 몇 단계입니까? 희망을 안겨 주고 있는 단계는 몇 단계입니까? 이 단계들을 내면화하고 여러분의 것으로 만들기 위하여 무슨 일을 할 생각입니까? 언제 행동을 취할 생각입니까?

신체적인 저항

어떤 사람들의 경우에는, 신체적으로 너무 무력하거나 학대를 받은 나머지, 다른 사람에 대한 울타리를 계속 지속시킬 수가 없습니다. 신체적 학대는 아주 심각한 문제입니다. 그리고, 가해자 역시 외부의 도움을 받아야 합니다. 문제가 저절로 사라질 리 없는데다가, 어쩌면 훨씬 더 심각해질 수 있기 때문입니다. 지금 당장 도움을 요청하십시오(410-411쪽).

- 만일 지금 여러분이 가학적인 배우자나 가학적인 남자친구와 관계를 맺고 있다면, 여기에서 하나님이 주시는 메시지는 무엇입니까?

- 언제 행동을 취할 생각입니까?

울타리에 대한 저항

다른 사람들의 아픔

우리가 사랑하는 사람에게 울타리를 세우기 시작할 때에는 정말로 곤란한 일이 발생하게 됩니다 : 그 사람이 상처를 받게 되는 것입니다. 누군가 아파하고 있는 사람을 상대할 때에는 반드시 이 점을 염두에 두십시오. 여러분의 울타리는 여러분 자신에게도 필요한 것이지만, 그 사람에게도 도움이 된다는 사실을 말입니다(잠언 27장 6절 ; 411쪽).

● 여러분이 울타리를 세우거나 유지할 수 없도록 막고 있는 것은 누구의 아픔입니까?

● 여기에서 여러분에게 전달되고 있는 메시지는 무엇입니까?

비난꾼

툭하면 비난을 해대는 사람들은 여러분의 '아니오'가 마치 자신을 죽이기라도 하는 것처럼 법석을 떨면서, '어쩌면 나에게 이럴 수가 있단 말이니?' 식의 메시지로 반작용을 해올 것입니다. 그런 사람들은 금방 울고, 금방 토라지고, 금방 화를 냅니다. 다른 사람들의 불평을 들을 때에는, 그 불평의 본질을 잘 생각해 보십시오. 만일 그들이 자신의 책임이어야 할 일에 대하여 여러분에게 불평을 하거든, 과감히 그들과 맞서십시오. 만일 그들이 여

튼튼한 울타리를 발달시키기

러분의 말이나 행동 때문에 아파하거든, 관계를 회복시키기 위한 행동에 착수하십시오(411-413쪽).

●여러분의 삶에도 이런 비난꾼이 존재합니까? 여러분이 일단 울타리를 세우고 또 그것을 지키려 할 경우, 누가 이런 식의 비난꾼이 될 것 같습니까?

●여러분은 어떻게 반응할 생각입니까?

현실적인 필요

여러분은 실제적인 필요를 느끼는 사람들에게도 울타리를 쌓아야 할 필요가 있습니다. 만일 여러분이 애정이 넘치는 사람이라면, 사랑하는 사람이 여러분에게 뭔가를 요구할 때 '안 돼!'라고 말하기가 여간 마음 아프지 않을 것입니다. 하지만, 여러분이 줄 수 있는 것과 줄 수 없는 것에는 한계가 있는 법입니다. 필요에 처한 사람들의 상황을 공감하십시오. 여러분이 지닌 자원에 합당하게 그들을 도우십시오(에베소서 4장 7절). 그들을 도와 줄 수 있는 다른 사람들에게로 보내십시오. 그리고 그들을 위하여 기도하십시오. 이것이야말로 여러분이 충족시켜 줄 수 없는 주변 사람들의 고통과 필요에 대하여 여러분이 할 수 있는 가장 좋은 일입니다(413-414쪽).

울타리에 대한 저항

● 여러분을 사랑하는 어떤 사람이 여러분에게 '아니오!'라고 말해야 했던 것은 언제입니까? 여러분은 어떤 반응을 보였습니까? 튼튼한 울타리와 경계에 대하여 좀더 잘 이해하게 된 지금, 여러분은 어떤 반응을 보이게 될까요?

● 지금 우리는 여러분의 경계가 어디까지인지를 알고 있으라고 격려해 주고 있습니다. 여러분의 삶 속에서, 쉽게 심신을 소모시켜 탈진 상태에 이른 부분은 어디입니까? 이드로의 충고를 받아들여——모세처럼——대리자를 파견해야 할 부분은 어디입니까(출애굽기 18장)?

● 여러분이 사랑하는 사람에게 베풀 수 없는 입장에 처했을 때, 여러분은 그 상황을 어떻게 헤쳐 나가고 싶습니까?

용서와 화해

많은 사람들이 용서와 화해의 차이점에 대하여 잘 모르고 있습니다(414쪽).

● 용서와 화해의 차이점을 요약하십시오.

틀튼한 울타리를 발달시키기

용서는 한 쪽만 있어도 되지만 ; 화해는 두 쪽 다 있어야 합니다. 우리는 언제나 용서해야 합니다. 하지만, 언제나 화해를 할 필요는 없습니다(로마서 12장 18절 ; 마태복음 10장 35-36절). 하나님이 여러분의 모델이십니다. 여러분 쪽에서 누군가를 용서하고 화해를 신청할 수는 있습니다. 하지만, 그것은 어디까지나 상대방이 자신의 행동을 인정하고 회개와 신실의 열매를 맺은 다음이어야 합니다(414-415쪽).

● 여러분의 삶에서 용서와 화해를 혼동했던 부분은 어디입니까? 지금 까지도 혼동하고 있는 부분은요? 지금 여러분이 용서는 하되 반드 시 화해할 필요는 없는 대상은 누구입니까?

내부 저항

우리는 외부적으로도 튼튼한 울타리를 쌓아야 하지만, 동시에 내부적으로도 우리를 지배하려 드는 육체에 대하여 '아니오!'라고 말할 수 있는 굳건한 울타리를 쌓아야 합니다(로마서 7장 14절 ; 마태복음 26장 41절). 그러면, 성장에 대한 우리의 내면적인 저항에 관하여 한번 살펴보기로 할까요?

인간의 기본적인 필요

하나님께서는 우리 인간을 만드실 때, 우리가 성장하는 동안 그 가족으로부터 특별한 필요들을 충족시킬 수 있도록 만드셨습니다. 하지만, 불행히도 언제나 그런 일이 일어나는 것은 아닙니다. 비록 그렇다 할지라도, 우리는 그리스도의 지체 속에서 이 채워지지 않은 아동기의 필요들을 충족시켜 나

●
울타리에 대한 저항

갈 수 있습니다(시편 68편 6절). 그래야만 성인으로서 울타리를 쌓기 위하여 싸울 수 있는 힘을 충분히 얻게 되는 것입니다(417-418쪽).

● 아동기 때 채워지지 않은 어떤 필요들이 여러분 내면에 틈새를 만들어 냈습니까? 될 수 있는 대로 자세히 적어 보십시오.

● 이 채워지지 않은 필요들이, 튼튼한 울타리를 세워서 지키려고 애쓰는 여러분의 노력에 어떤 식으로 방해가 되고 있습니까?

● 이 필요들을 건전한 방법으로 채우기 위하여 여러분은 어떤 일을 하고 있습니까——아니면, 앞으로 무슨 일을 할 생각입니까?

해결되지 않은 애도와 상실

'채워지지 않은 필요들'이 '좋은' 것들을 얻는 것과 관련된 것이라고 한다면, 애도는 이와 반대로 '나쁜' 것들을 버리는 것과 관련된 것이라고 할 수 있습니다(전도서 7장 2-4절 ; 418쪽).

● 성경을 가만히 들여다보면, 하나님께서 백성더러 그들에게 유익하지

튼튼한 울타리를 발달시키기

않은 사람과 삶을 '뒤로 하고 떠나라'고 요구하시는 장면이 아주 많이 등장합니다. 여러분이 뒤로하고 떠나야 할 대상은 무엇입니까?

성서적인 성장의 기본적인 법칙은 하나님을 알기 이전의 삶은 전혀 매달릴 가치가 없다는 것입니다 ; 하나님께서 우리에게 좋은 것들을 주실 수 있게 하기 위하여 우리는 그것을 상실해야 하고, 그것을 슬퍼해야 하고, 그것을 떠나 보내야 합니다(빌립보서 3장 8절 ; 419쪽).

● 여러분이 지금 울타리를 세우는 대신 "만일 ~ 하기만 한다면"이라는 놀이를 하고 있는 부분은 어디입니까?

사랑을 얻기 위하여 울타리를 포기하는 것은 결국 피할 수 없는 것을 잠깐 연기하는 것과도 같습니다 : 그 사람의 실체를 깨닫고, 그 사실에 대한 슬픔을 껴안고, 버리고, 삶을 향해 전진하는 일을 잠시 미루고 있는 것에 불과한 것입니다. 자신이 결코 얻지 못할 것들을 떠나 보내기 시작하게 될 때, 여러분은 자신의 삶이 얼마나 많이 변화할 수 있는가를 깨닫고 그만 깜짝 놀랄 것입니다. 떠나 보내는 것만이 성숙으로 갈 수 있는 유일한 길입니다. 애도가 바로 그 길인 것입니다(전도서 7장 2절 ; 421-422쪽).

● 해결되지 않은 애도와 상실에 맞서기 위하여 밟아야 할 여섯 가지 단계(420-422쪽)를 다시 한번 들여다보십시오. 여러분에게 도움이

●
울타리에 대한 저항

될 통찰력을 제공해 주는 단계는 몇 단계입니까? 여러분이 배운 것들을 자세히 적어 보십시오. 새로운 행동을 요구하고 있는 단계는 몇 단계입니까? 힘을 불어넣어 주고 있는 단계는 몇 단계입니까? 이 단계들을 내면화하고 여러분의 것으로 만들기 위하여 무슨 일을 할 생각입니까? 언제 행동을 취할 생각입니까?

분노에 대한 내면적인 두려움

만일 화가 난 사람이 여러분의 울타리를 부수도록 내버려둔다면, 그것은 여러분이 아직도 두려운 어떤 사람의 화난 얼굴을 머리 속에 담고 있기 때문일 것입니다(마태복음 10장 28절 ; 424쪽).

● 여러분은 대체로 화난 사람에게 어떤 반응을 보이는 편입니까? 여러 분은 지금 화난 사람의 얼굴을 머리 속에 담고 있습니까? 그 사람은 누구입니까?

여러분은 상처 입고 놀란 부분을 백일하에 드러내 놓고, 하나님과 그분을 섬기는 이들의 치유를 받아야 합니다. 화가 난 부모의 얼굴을 지워 버리고, 지금 대하고 있는 성인들과 용감히 맞서 싸우기 위해서는 사랑이 필요합니 다. 하나님은 여러분이 화난 사람에게 지배당하는 것을 결코 원치 않으십니 다. 하나님은 여러분의 주인이 되고 싶어 하십니다. 하나님은 여러분을 다

튼튼한 울타리를 발달시키기

른 어떤 사람과도 공유하길 원치 않으십니다(424쪽).

● 분노에 대한 두려움과 맞서기 위하여 밟아야 할 아홉 가지 단계(424 -426쪽)를 다시 한번 들여다보십시오. 새로운 행동을 요구하고 있는 단계는 몇 단계입니까? 이 단계들을 내면화하고 여러분의 것으로 만들기 위하여 무슨 일을 할 생각입니까? 언제 행동을 취할 생각입니까?

미지의 것들에 대한 두려움

울타리를 쌓는 데 대한 또 하나의 강력한 내부 저항은 바로 미지의 것들에 대한 두려움입니다. 다른 사람의 지배를 받는 것은 차라리 안전한 감옥입니다. 우리는 방들이 어디어디에 있는지 잘 알고 있습니다. 울타리는 여러분에게 온갖 종류의 새로운 선택들을 안겨 줍니다. 그렇기 때문에 울타리는 두려운 것일 수 있습니다. 하지만, 두려움과 더불어 여러분은 새로운 높이와 가능성, 그리고 하나님과 여러분 자신과 세상에 대한 깨달음으로 뻗어 나갈 수 있습니다(426-427쪽).

● 성경에는 하나님의 명령을 받고서 낯익은 곳을 떠나 미지의 땅으로 가는 사람들에 관한 이야기가 많이 실려 있습니다. 하나님께서는 그들에게 약속해 주십니다. 그들이 신앙을 끝까지 지킨다면, 그들을 좀더 좋은 땅으로 인도해 주시겠다고 말입니다(히브리서 11장 8절). 여러분이 신앙을 끝까지 지켜 나갈 기회를 얻었던 것은 언제입니

울타리에 대한 저항

까? 무슨 일을 했고, 그 경험을 통해 무엇을 깨달았습니까?

● 하나님께서 지금 여러분에게 끝까지 지켜 나가라고 요구하시는 부분
은 어디입니까?

● 대체로 여러분은 변화에 어떻게 대처하는 편입니까?

● 미지의 것들에 대한 두려움과 맞서기 위하여 밟아야 할 아홉 가지
단계(428-433쪽)를 다시 한번 들여다보십시오. 여러분에게 도움이
될 통찰력을 제공해 주는 단계는 몇 단계입니까? 여러분이 배운 것
들을 자세히 적어 보십시오. 새로운 행동을 요구하고 있는 단계는
몇 단계입니까? 힘을 불어넣어 주고 있는 단계는 몇 단계입니까?
이 단계들을 내면화하고 여러분의 것으로 만들기 위하여 무슨 일을
할 생각입니까? 언제 행동을 취할 생각입니까?

미지의 것들을 탐험할 때에는, 하나님의 존재 자체와 하나님께서 자신의
아들을 통하여 우리에게 보여 주신 일들을 기억하십시오. 하나님은 까닭 없

튼튼한 울타리를 발달시키기

이 그런 일을 하신 게 결코 아닙니다 ; 그분이 그런 일을 하신 것은 바로 우리의 구원과 미래를 위해서였습니다(에베소서 2장 10절 ; 428-433쪽).

용서하지 못함

"잘못은 인간의 상사(常事)요, 용서는 신의 일입니다." 그리고, 용서를 하지 않는 것은 우리 인간이 하는 일들 가운데 가장 어리석은 일입니다 (433쪽).

● 왜 용서가 힘든 일입니까? 여러분은 영혼의 "책"에 기록해 둔 빚들을 상환 받기 위하여 어떻게 행동하는 편입니까?

빚진 것을 돌려 받으려는 노력 자체는 전혀 문제될 것이 없습니다. 문제가 있다면 그것은 그 빚이 오직 한 가지 방법으로만, 다시 말해서 은총과 용서로써만 해결된다는 점입니다. 용서란 곧 여러분에게 상처를 준 사람에 관한 기록을 장부에서 지우는 것을 의미합니다(골로새서 2장 14절 ; 433-434쪽).

● 과거의 상처들을 통해서 여러분에게 빚진 사람들을 용서할 경우, 여러분은 어떤 슬픔을 겪게 될까요?

● 용서와 화해의 차이점을 다시 한번 설명해 보십시오.

울타리에 대한 저항

만일 어떤 사람이 회개하고 나서 또다시 죄를 범한다면, 나는 그 사람을 일흔 번씩 일곱 번이라도 용서해 줄 것입니다. 그러나, 나는 자신이 나에게 상처를 입혔다는 사실을 부인하는, 털끝만큼도 변화하려는 의향이 없는 그런 부정직한 사람보다는, 차라리 정직하게 나를 실망시키는 그런 사람들의 곁에 있고 싶습니다. 그런 행동은 나에게나 그 사람에게나 똑같이 파괴적인 행위입니다(435쪽).

● 여러분이 용서해야 할 사람은 누구입니까? 여러분에게 지은 죄들을 열거해 보고, 그런 다음에는 그 죄들을 용서하십시오.

하나님께 은총을 얻으십시오. 그리고 다른 사람의 빚을 탕감해 주십시오. 손해본 계산서를 계속해서 들여다보지 마십시오. 지워 버리십시오. 그리고 여러분에게 필요한 것들은 그것을 줄 수 있는 사람들과 하나님으로부터 받으십시오(436쪽).

외적인 초점

사람들은 문제에 직면했을 때 우선적으로 자기 외부를 내다보는 경향이 있습니다. 이같이 외향적인 시각은 여러분을 희생양의 자리에 묶어 두려 합니다. 그런 시각은 다른 어떤 사람이 변화하기 전에는 결코 여러분이 좋아질 수 없다고 속삭입니다(고린고후서 5장 10절). 여러분 자신을 정직하게 들여다보십시오. 문제가 여러분 바깥쪽에 있기를 원하는 내부 저항에 맞서십시오(436-437쪽).

튼튼한 울타리를 발달시키기

● 여러분은 자신의 울타리 문제들을 스스로 책임지지 않고 무엇, 또는/
  그리고 누구를 비난하고 있습니까?

● 여러분은 어떤 식으로 자신을 울타리가 없는 사람으로 만들고 있습
  니까?

● 여러분의 울타리 결핍을 고쳐 나가기 위하여 밟아야 할 고백과 회개
  의 단계는 무엇입니까? 누구에게 고백할 생각입니까? 어떤 행동의
  변화를 일으킬 작정입니까?

죄책감

죄책감은 내면적으로 유죄를 선고하는 말입니다. 죄책감은 '넌 나쁜 인간
이야!'라고 말하는 타락한 우리 양심의 처벌적 본성입니다. 그리고 이러한
죄책감은 주로 우리가 초기 사회화 과정에서 어떤 식의 교육을 받았느냐에
달려 있습니다. 우리가 잘못을 저질렀다고 알려 주는 죄책감의 메시지에 우
리는 주의 깊게 귀를 기울여야 합니다. 때로는 죄책감 그 자체가 잘못된 것
일 수가 있기 때문입니다(437-438쪽).

울타리에 대한 저항

● 죄책감은 때로 그릇된 것일 수 있습니다. 잘못을 전혀 저지르지 않았을지라도, 여태껏 배워온 내적 표준이 침범을 당하게 될 경우, 우리는 죄책감을 느낄 수가 있습니다. 여러분이 성장하면서 배웠던 내적 표준들(다시 말해서, '안 된다고 말하지 말아라!'라든가, '필요에 처한 사람들을 구제해 주어라!' 같은 표준) 가운데, 지금까지도 그것을 위반하면 죄책감이 느껴지는 것들은 무엇입니까?──여러분은 잘못한 일이 전혀 없는데도 말입니다.

● 건강하지 못한 죄책감을 피하기 위하여 여러분이 맨 먼저 해야 할 일은, 죄책감이 여러분 자신의 문제라고 하는 사실을 깨닫는 것입니다. 다른 사람들이 여러분에게 죄책감을 안겨 줄 수 없는 이유에 대하여 설명해 보십시오.

● 이런 종류의 거짓된 죄책감과 맞서기 위하여 밟아야 할 열 가지 단계(440-441쪽)를 다시 한번 들여다보십시오. 여러분에게 도움이 될 통찰력을 제공해 주는 단계는 몇 단계입니까? 여러분이 배운 것들을 자세히 적어 보십시오. 새로운 행동을 요구하고 있는 단계는 몇 단계입니까? 힘을 불어넣어 주고 있는 단계는 몇 단계입니까? 이 단계들을 내면화하고 여러분의 것으로 만들기 위하여 무슨 일을 할 생각입니까? 언제 행동을 취할 생각입니까?

튼튼한 울타리를 발달시키기

더 이상 죄책감이 여러분을 지배하도록 만들지 마십시오. 우리는 사랑에 따라 움직여야 합니다. 그렇게 할 때, 혹 실패하더라도 우리는 어린 시절의 경험에 바탕을 둔 건강하지 못한 죄책감이 아니라 "경건한 슬픔"(고린고후서 7장 10절)을 맛보게 될 것입니다. 또한, 하나님의 길을 배우십시오. 하나님의 길은 여러분의 영혼을 회복시켜 줄뿐만 아니라, 여러분의 마음이 지배적인 내면의 부모가 주는 죄책감을 느끼는 대신 즐거워할 수 있도록 만들어 주기도 할 것입니다(438-441쪽).

버림받을지도 모른다는 두려움 : 허공 속에 붕 떠 있음

만일 안전한 유대감이 형성되어 있지 않다면, 울타리를 세우는 일이 너무도 끔찍할 것입니다. 버림받을지도 모른다는 두려움 때문에 파괴적인 관계 속에 그대로 머물러 있는 사람들이 많이 있습니다(441-442쪽).

● 여러분의 경우, 울타리를 쌓기가 두려운 이유들 가운데 하나가 바로 안전한 유대감의 결여입니까?

● 좋은 후원 집단은, 튼튼한 울타리를 세우고 또 그것을 유지하려는 여러분의 노력에 중요한 요소로 자리잡습니다. 여러분의 주위에는, 여러분이 건전한 유대감을 형성할 수 있도록 도와줄 만한 안전한 사람이 누가 있습니까?

울타리에 대한 저항

그리스도의 몸 안에서 하나님과 더불어 사랑 속에 "뿌리를 박고 터를 잡는"(에베소서 3장 17절) 것, 이것은 여러분이 울타리 쌓기의 위험을 감수해 내는 데 꼭 필요한 발달 연료입니다(442쪽).

그게 쉬운 일이었다면 진작에 마쳤을 겁니다

"너희는 세상에서 시련을 당할 것"이라고 예수님은 경고하셨습니다(요한복음 16장 33절). 그리고, 이 과에서 지금껏 다룬 것이 바로 그것입니다. 예수님을 따라가기 시작하는 순간, 여러분은 환난을 만나게 될 것입니다 ── 외부와 내부로부터 동시에 말입니다(442-443쪽).

● 여러분이 경건한 정체성을 만들어 가기 시작하는 바로 그 순간, 세상과 악마, 심지어는 여러분의 육체마저도 여러분에게 저항하고 압력을 가할 것입니다. 여러분이 울타리를 세우기 위하여 노력하는 동안 부딪히게 될 압박──내면적인 압박과 외부적인 압박──의 주된 원인은 무엇입니까?

예수님은 위와 같이 경고하시는 동시에, 희망도 안겨 주셨습니다 : "그러나 용기를 내어라. 내가 세상을 이겼다"(요한복음 16장 33절).

● 튼튼한 울타리를 세워 놓고 올바르게 산다는 것이 결코 쉬운 일은 아닙니다(마태복음 7장 14절). 하지만, 여러분이 저항에 부딪힌다는 것은 지금 여러분이 반드시 해야 할 일을 하고 있다는 좋은 증거이지요. 다음 본문들은 여러분이 튼튼한 경계를 세우고 또 그 경계를

튼튼한 울타리를 발달시키기

지키기 위하여 싸워 나갈 수 있도록, 어떤 희망을 안겨 주고 있습니까?

● 야고보서 1장 2-4절

● 베드로전서 1장 9절

경건한 삶을 살기 위하여 노력하다가 외부 저항과 내부 저항에 부딪히게 될 때, 여러분은 결코 혼자가 아닙니다. 그리스도 안에 있는 여러분의 형제 자매 역시 —— 나이에 구애받지 않고 —— 좀더 나은 땅을 찾아서 신앙의 길을 따라 모험할 때에, 수많은 시련에 부딪혔었습니다. 여러분이 이러한 여행 —— 언제나 환난이 따라붙기 마련인 여행 —— 을 떠날 때에는, 임무를 성실히 수행하기만 하면 어떠한 난관이라도 극복해 낼 수 있도록 이끌어 주시겠다는 좋으신 목자의 약속을 꼭 기억하십시오(443-444쪽).

✠

——————————————— 기도 ———————————————

하나님, 옳은 것 곧 울타리와 경계가 곧 우리에게도 좋은 것이 되게 하시니, 정말 감사합니다. 제가 비록 그것을 사실로 경험하기 위하여

울타리에 대한 저항

노력하고는 있지만, 그래도 신뢰할 수 있게 해주십시오. 울타리에 대한 외부 저항과 내부 저항에 맞서 싸울 때, 하나님이 저와 함께 하신다는 사실을 알게 해주십시오. 그리고, 주님, 주님은 저의 싸움이 어디에서 가장 격렬해지는지 잘 알고 계십니다. 주님은 제 외부의 저항들을 잘 아십니다. 분노에 찬 반작용, 죄책감을 부추기는 말들, 대항 수단, 저를 비난받게 하는 것들, 신체적 학대의 위험, 저의 '아니오'가 사랑하는 사람들에게 안겨 줄 수 있는 고통, 제가 채우지 못하고 있는 실제적인 필요들, 그리고 꼭 화해할 필요는 없지만 용서하기 위한 노력 등이 그것입니다.

하나님은 또한 제 깊은 곳에 자리잡고 있는 울타리에 대한 내부 저항들도 잘 아십니다. 어린 시절에 미처 채우지 못한 지극히 실제적이고 인간적인 저의 필요들, 현재까지도 제 머리 속에서 저항을 계속하고 있는 죄책감을 부추기는 자기-비판, 해결되지 않은 애도와 상실, 그리고 분노나 미지의 것들에 대한 두려움과 튼튼한 경계를 세울 경우 버림받게 될 것이라는 두려움 등을 잘 알고 계십니다. 하나님은 제가 어디에서 용서하지 못하는 죄를 범하고 있는지, 또 어디에서 저의 책임을 인정하지 못하고 대신 외부의 것들에 초점을 맞추고 있는지도 잘 아십니다.

이제, 제가 하나님 곧 이 모든 것을 아시고, 또 저에 대하여 더 많은 것들도 알고 계시는 하나님을 사랑으로 저를 보호해 주시는 목자요, 성서적인 튼튼한 울타리를 향해 나아가고 있는 이 여정에서 끝까지 저를 인도해 주실 목자라는 사실을 진정으로 깨닫게 해주십시오. 예수님의 이름으로 기도합니다. 아멘.

튼튼한 울타리를 발달시키기

13

울타리 성공 측정 방법

순차적인 변화는 성숙한 울타리의 출현을 알려 줍니다. 다음에 소개할 열한 가지 단계는 여러분이 지금 어느 정도 발달했는지를 알 수 있도록 도와주고, 나아가 다음 단계로 나아가는 길도 안내해 줄 것입니다. 그렇게 되면, 마치 진처럼, 여러분도 삶 속에 튼튼한 울타리를 세우고 또 그것을 지켜 온 데 대한 보상을 받게 될 것입니다. 여기에는 많은 노력과 위험이 뒤따릅니다. 하지만, 그만한 가치가 있는 일이라는 점을 여러분도 곧 깨닫게 될 것입니다(445-447쪽).

1단계 : 분개 ── 조기 경보

마치 적의 미사일이 접근하고 있음을 알리는 레이더처럼, 여러분의 분노나 좌절, 또는 분개 역시 여러분의 삶에서 울타리가 공격당하게 될 것을 경고해 줍니다(잠언 30장 447-449절 ; 447-449쪽).

● 공격이나 조종이나 지배를 당했을 경우, 여러분은 분노를 느낄 수

있어야 합니다. 여러분은 자신이 분노를 느끼도록 허용하는 편입니
까? 여러분은 자신이 공격받고 있을 때 그 사실을 인식할 수 있습니
까? 여러분은 조기 경보를 들을 수 있습니까?

만일 이 질문들에 대한 여러분의 대답이 '아니오'라면, 진실 말하기를 연
습할 수 있을 만한 안전한 장소를 찾아가십시오. 분노를 터뜨릴 줄 모른다
는 것은 곧 우리에게 진실을 가르쳐 줄 분리를 두려워하고 있다는 증거임을
명심하십시오. 그러나, 진실이 언제나 우리의 친구가 되어 준다는 사실만
인정한다면, 우리는 스스로에게 분노를 허용할 수가 있을 것입니다. 그리
고, 차이점과 불일치점에 대하여 좀더 정직해지면 해질수록, 스스로에게 분
노를 허용하는 일도 훨씬 더 잘 할 수 있을 것입니다. 그리하여, 여러분은
자신의 울타리가 어느 부분이 약하고 어느 부분이 결여되어 있는지를 알 수
있게 되고, 나아가 좀더 튼튼한 울타리를 세울 수 있게 될 것입니다. 심지어
는, 랜디처럼, 분노의 순간을 울타리의 열매로 인식할 수도 있게 될 것입니
다(448-449쪽).

● 여러분이 자신의 분노나 분개, 또는 좌절과 접할 수 있도록 도와주
  고, 또 자신은 다른 식으로 대접받길 원하고 있다는 사실을 깨닫도
  록 도와 준 경험이나 관계는 무엇입니까?

튼튼한 울타리를 발달시키기

2단계 : 취향의 변화──울타리 애호가에게 끌리게 됨

울타리가 손상된 개인이 자신의 울타리를 발달시키는 일에 착수할 경우에는, 비판 없이 자기들의 '아니오'를 들어 줄 수 있는 사람들에게 끌리게 됩니다. 상처받는 일도 없어집니다. 그것을 혼자 끌어안고 끙끙거리는 일도 없어집니다. 조종이나 지배의 형태로 자기 울타리를 쇠퇴시키는 일도 없어집니다(451-452쪽).

● 과거에 여러분은 분명하게 '아니오!'라고 말할 수 있는 사람들에게 어떤 식으로 반응했습니까? 지금은 어떻게 반응하고 있습니까? 어떻게 반응하고 싶습니까? 이제 여러분은 '아니오!'라고 말할 수 있는 사람들──예전에는 무뚝뚝하고 냉정하다고 치부했을지도 모를 사람들──이 사실은 애정이 넘치고 참신하고 정직한 사람들이라는 사실을 알고 있습니까?

우리는 한 가지 기본적인 이유 때문에 자유로운 존재로 창조되었습니다 : 하나님과 사람을 사랑하는 것, 하나님과 사람에게 의미심장하게 다가서는 것이 바로 그 이유입니다(골로새서 3장 14절). 울타리는 결코 허공 속에서 발달할 수 없습니다. 그러므로, 우리는 긴밀하고 의미 깊은 애착감을 가지고 울타리 애호가들과 연대해야 합니다. 사실, 울타리를 발달시킴에 따라 여러분은 자연히 울타리를 사랑하는 사람들에게 끌리게 되어 있습니다. 그들 가운데 있을 때 정직하고, 믿을 만하고, 사랑이 가득 찬 사람이 되어도 좋다는 허가를 받을 수 있기 때문입니다(452-453쪽).

울타리 성공 측정 방법

● '아니오!'라고 말할 수 있는 능력이 어떻게 해서 사랑이 가득하고 전심에서 우러나오는 '예'에 연료를 공급할 수 있는지 설명해 보십시오.

● 여러분 주위에 있는 울타리 애호가는 누구누구입니까? 만일 여러분 주변에 울타리 애호가가 거의 없다면, 어디로 가야 그런 사람을 찾을 수 있을까요?

3단계 : 가족과의 연대

울타리가 세워진 가족과 연대하는 것이 중요한 까닭은 무엇일까요? 그것은 바로 우리에게 다른 사람이 필요하기 때문입니다. 경계를 세우는 일에 우리처럼 성서적인 가치를 부여하고 있는 사람들, 그리고 우리를 격려해 주고, 우리와 함께 연습해 주고, 우리 곁에 머물러 줄 책임을 지닌 그런 사람들이 필요한 것입니다. 우리는 우리를 신뢰하고 있는 사람들에 대한 인식과, 예수님의 영이 우리와 함께 하시고 있다(마태복음 18장 20절)는 사실을 아는 것 때문에 확고한 울타리를 세울 수 있습니다. 어딘가에 우리의 영적이고 정서적인 고향이 존재한다는 사실을 우리가 알고 있기 때문입니다 (453-454쪽).

● 여러분과 유사한 성서적 가치를 지닌 사람의 우정이 여러분을 강하

튼튼한 울타리를 발달시키기

게 만들어 준 것은 언제입니까?

● 울타리를 지닌 가족의 일원이 된다는 것이 어떻게 여러분이 울타리
를 세울 수 있도록 도와주었습니까?

● 여러분은 이 단계를 거쳐서 울타리를 지닌 사람들의 가족과 연대하
였습니까? 여러분이 울타리 작업을 계속 진행하는 동안 스스로를
위하여 발달시킨 후원 집단에 관하여 설명해 보십시오.

● 만일 여러분이 울타리를 지닌 사람들의 가족과 연합했다면, 그들의
후원이 어떻게 여러분이 울타리를 쌓을 수 있도록 도와주었습니까?
두세 가지 예를 들어 보십시오. 아무래도 웨인의 상황과 비슷한 예
들이겠지요.

4단계 : 우리의 보물을 소중하게 간직하기

일단 은혜와 진리(요한복음 1장 17절)가 선한 것이라고 믿는 사람들 곁

울타리 성공 측정 방법

에 있는 것이 안전하다고 느껴지면, 자기를 책임지는 것이 건강하다는 사실과 다른 사람을 책임지는 것은 파괴적인 행위라는 사실을 서서히 이해할 수 있게 됩니다(455쪽).

● 성경은 우리에게 다음과 같이 가르치고 있습니다 : "우리가 하나님을 사랑함은, 하나님께서 우리를 먼저 사랑하여 주셨기 때문입니다" (요한1서 4장 19절). 다시 말해서, 우리는 먼저 사랑을 받았기 때문에 사랑을 베풀어야 한다는 의미입니다. 여러분은 아동기 때 자신의 가치, 자신의 매력에 관하여 뭐라고 배웠습니까?

하나님은 다른 사람을 사랑하는 이들에게 관심을 갖고 계십니다. 그리고, 자기 내부에 사랑을 받아들여 본 적이 없는 사람은 결코 다른 사람을 사랑할 수가 없습니다(455쪽).

● 아동기 때 배운 것들 때문에 여러분은 지금 자기 자신——여러분의 감정과 재능·생각·태도·행동·신체, 그리고 하나님께서 맡기신 자원들——을 얼마나 잘 보호하고 있습니까? 얼마나 자신을 잘 보호하는지, 또는 어디에서 향상될 수 있었는지, 여러분의 삶 속에서 자세한 예를 들어 앞의 대답을 지지해 보십시오.

우리 자신에 관한 기본적인 감각 능력, 그리고 우리에게 무엇이 진실이고

튼튼한 울타리를 발달시키기

현실인지에 관한 감각 능력은 우리의 중요하고 원초적인 관계에서부터 비롯됩니다. 헬렌은 어린 시절 아버지 —— 그녀의 가장 아름다운 면을 소중히 여기고 아껴 주어야 할 의무가 있었던 사람들 가운데 한 사람 —— 로부터 성폭행을 당했기 때문에, 그만 자기 자신을 소중하게 여기지 못하는 사람이 되고 말았습니다. 헬렌은 자신 —— 또는 자기의 어떤 측면 —— 이 '극히 값진 진주'(마태복음 13장 46절)라는 사실을 전혀 깨닫지 못하고 있었습니다(455-457쪽).

● 고린도전서 8장 11절을 읽어 보십시오. 스티브(457쪽)는 왜 이 구절을 읽고 흥분하였습니까? 여러분도 스티브처럼, 자신의 영적인 소유물과 정서적인 소유물을 보호하는 것이 지극히 이기적인 행동이라고 배워 왔습니까? 그렇다면, 이 구절이 여러분에게 해주고 있는 말은 무엇입니까?

● 여러분의 '보물' —— 시간 · 돈 · 감정, 그리고 신념 —— 목록을 작성해 보십시오. 여러분은 다른 사람들이 여러분의 보물을 어떻게 다뤄 주길 원하십니까? 여러분은 다른 사람들이 여러분의 보물을 어떤 식으로 취급하지 않길 바라십니까?

하나님은 여러분에게 이같이 명령하십니다 : "그 무엇보다도 너는 네 마음을 지켜라. 그 마음이 바로 생명의 근원이기 때문이다"(잠언 4장 23절).

울타리 성공 측정 방법

여러분의 보물을 안전하게 지키기 위해선 그것을 소중하게 다룰 줄 알아야
합니다(458쪽).

5단계 : 갓난아기의 '아니오'를 연습하기

　정서적인 울타리를 쌓는 일에서 성장할 수 있으려면 어쨌든 과거의 상처
를 참작해야 합니다. 그러므로, 작은 일부터 시작하는 것이 현명한 처사입
니다(459-460쪽).

● 쉐리는 경계를 세우는 일에 관하여 죄책감을 느끼게 만드는 어머니
　와, 감히 반대를 할 경우 분노의 발작을 일으키는 아버지 밑에서 자
　라났습니다. 여러분의 경우, 경계 세우기와 '아니오'라고 말하기를
　힘들게 만드는 과거의 상처는 무엇입니까?

　과거의 경험이 여러분에게 경계를 세우지 말라고 가르쳤을 경우, 비교적
의미심장한 방법으로 어떤 사람과 대면을 펼치는 것은 결코 작은 발걸음이
아닙니다 ── 그것은 앞을 향해 힘차게 도약하는 것이지요(460쪽).

● 그렇지만, 이 힘찬 도약도 치밀하게 계획된 것이어야 합니다. 여러분
　이 '아니오!'라고 말하기를 연습할 수 있는 상대는 누구입니까? 여
　러분의 울타리 작업을 도와줄 수 있는 후원 집단이나 좋은 친구는
　누구입니까? 언제 첫걸음을 옮길 작정입니까?

튼튼한 울타리를 발달시키기

여러분의 ‘아니오’를 존중해 줄 수 있는 사람, 여러분이 ‘아니오’라고 말해도 여전히 여러분을 사랑해 줄 수 있는 사람들을 상대로 여러분의 ‘아니오’를 연습하십시오. 그리고, 진실로 친밀한 관계란 반대할 수 있는 자유 안에서만 성립된다는 사실 또한 잊지 마십시오(잠언 10장 18절 ; 461쪽).

6단계 : 죄책감을 누리기

조금 이상하게 들리겠지만 자책감, 그러니까 여러분이 경계를 세우는 과정에서 어떤 중요한 규칙을 범했다고 하는 인식은 종종 여러분이 울타리를 지닌 사람으로 변해 가고 있다는 사실을 보여 주는 증거일 수 있습니다. 만일 양심이 침묵을 지킨 채, “네가 어떻게 그럴 수 있었지?” 식의 죄책감을 부추기는 메시지를 전혀 제공해 주지 않는다면, 그것은 여러분이 아직도 내면의 부모에게 매여 있다는 사실을 뜻하는 것일 수도 있습니다. 바로 그 때문에 우리는 여러분에게 죄책감을 누리라고 격려하는 것입니다. 죄책감은 여러분이 앞으로 나아가고 있음을 보여 주는 증거입니다(461-463쪽).

● 여러분이 연약한 양심, 또는 지나치게 활동적이고 성서적이지 못하게 가혹한 내면적 판단(고린도전서 8장 7절)을 지니고 있다는 증거는 무엇입니까? 여러분 마음속에 떠오르는 자기 비판의 말들을 몇 가지 적어 보십시오. 아니면, 여러분이 스스로에게 좋은 친구가 되어 주지 못하고 있음을 깨닫게 해준 사람들에 관하여 이야기해 보십시오.

울타리 성공 측정 방법

● 법을 어긴 적이 없는데도, 마치 자기가 법을 어긴 것처럼 여기는 것
  은 여러분이 어떤 울타리를 지니고 있을 때입니까? 그러한 죄책감
  에 대처하기 위하여 여러분은 무슨 일을 할 생각입니까?

7단계 : 성숙한 '아니오'를 연습하기

여러분의 삶에서 지극히 까다롭고, 대립적이고, 무서운 관계들을 바로잡
는 것, 이것이야말로 여러분이 울타리를 지닌 사람이 되려고 하는 가장 큰
목적입니다. 그리고, 이것은 여러분이 성숙한 '아니오'를 말할 수 있게 될
때까지 반드시 거쳐야 할 단계입니다(463-465쪽).

● 가장 심한 여러분의 "울타리 파괴자"는 누구입니까? 여러분의 삶
  속에서 경계를 정하기가 가장 어려운 사람은 누구입니까? 떠오르는
  사람들의 이름을 모두 적어 보십시오.

그 사람들에게 어떻게 대처할 것인가를 생각하기에 앞서, 여러분은 이처
럼 중요한 울타리 작업의 목표가 무엇인지를 확실히 알고 있어야 합니다
(464쪽).

● 교재 464-465쪽의 논의와 거기에 주어진 성경 본문들에 따르면, 울
  타리 작업의 궁극적인 목표는 무엇입니까?

●
튼튼한 울타리를 발달시키기

울타리 작업의 목표는 바로 울타리가 있는 성격 구조를 갖추는 것, 자기 자신과 다른 사람에게 시기 적절하게 경계를 세울 수 있는 성격 구조를 갖추는 것입니다. 게다가, 내적인 울타리를 갖추고 나면 세상에 대한 울타리도 자연히 세워집니다(잠언 23장 7절). 그처럼 그리스도를 닮은 성숙은 각고의 노력과 연습, 그리고 기도가 있어야만 가능한 일입니다(465쪽).

● 기도하는 마음으로, 여러분에게 소중한 관계들의 목록을 작성하십시오. 그런 다음에는, 이 관계들 속에서 어떤 보물들이 침해를 당하고 있는지, 저마다의 이름 옆에 표시하십시오. 이 보물들을 지켜 내기 위하여 특별히 필요한 울타리는 어떤 것입니까?

● 언제나 그렇듯이, 여러분 혼자서 튼튼한 울타리를 향한 이 길을 걷고 있는 게 아니라는 사실을 믿으십시오. 이 비판적인 단계를 밟아 나가는 동안 여러분을 후원해 줄 사람은 누구입니까?

분명하고 정직하고 목표 지향적인 성격 구조를 발달시킨다면, 여러분은 이 중요한 단계를 잘 밟아 나갈 수 있을 것입니다. 또 그러한 성격 구조는 여러분의 울타리가 빠질 수 있는 온갖 위기들을 잘 처리하도록 도와 줄 수도 있을 것입니다. 이미 갈등과 불일치는 존재하고 있다는 사실을 명심하십시오. 울타리는 그저 이 갈등과 불일치를 외부로 표출시키는 것일 뿐입니다(465쪽).

울타리 성공 측정 방법

8단계 : 죄책감이 없는 상태를 누리기

이제 여러분은 더 이상 자기 내면의 부모 말에 귀를 기울이지 않고, 대신 사랑과 책임과 용서의 성서적 가치에 반응하게 되었습니다. 그러므로, 곧 여러분은 지나치게 활동적이면서도 연약한 이전의 양심 때문에 생겨난 죄책 감이 이내 사라지는 것을 느낄 수 있게 될 것입니다(디모데전서 3장 9절 ; 466쪽).

● 이제 죄책감이 어느 정도 완화되고 대신 공감어린 슬픔이 증가하는 것을 느낄 수 있겠습니까? 여러분이 아직 울타리 쌓기에 착수하기 전, 여러분을 더 많은 죄책감과 더 많은 자기-비난으로 이끌었을 수 도 있는 경계 정하기의 예를 지적해 보십시오.

● 또한, 하나님께서 여러분의 삶 속에 보내 주신 사람들이 누구인지 확인해 보고, 그분이 여러분의 가혹한 내면의 부모를 잠잠케 하도록 도와주신 상황들을 몇 가지 손꼽아 보십시오.

앞에서 소개한 여덟 단계를 잘 거쳐왔다면, 여러분은 지금까지 사랑과 책 임과 용서를 이해할 줄 아는 사람들과 더불어 많은 경험을 하였을 것입니 다. 그 결과, 여러분의 마음속에는 이제 비판적인 양심이 아니라 자기 발전 을 위한 자리가 마련되었습니다. 여러분의 마음속에는 이제 사랑이 넘치는

●
튼튼한 울타리를 발달시키기

진실한 사람들에 관한 정서적 기억들이 자리를 잡게 되었습니다. 죄책감에
연료를 공급해 주는 것은 아무 것도 없습니다(465-467쪽).

9단계 : 다른 사람의 울타리를 사랑하기

다른 사람이 우리의 울타리를 존중해 주길 바란다면, 우리 역시 다른 사
람들의 울타리를 존중해 주어야 합니다. 다른 사람의 울타리를 사랑한다는
것은 우리의 이기심과 대립되는 것으로서, 다른 사람을 보호할 수 있는 우
리의 능력을 증대시켜 주고, 또 우리에게 감정 이입을 가르쳐 줍니다. 우리
는 우리 자신의 '아니오'를 위하여 싸워야 하는 것처럼 다른 사람의 '아니
오'를 위해서도 싸워 나가야 합니다 —— 비록 그 일 때문에 우리가 어떤 대
가를 치러야 한다 할지라도 말입니다(467-468쪽).

● 여러분은 다른 사람들의 울타리에 어떤 식으로 반응하는 편입니까?

● 우리는 이웃을 우리 몸처럼 사랑하라는 명령을 받았습니다(갈라디아
  서 5장 14절). 이 명령을 생각할 때, 여러분은 다른 사람들의 울타
  리에 어떤 식으로 반응하고 싶습니까?

10단계 : 우리의 '아니오'와 '예'를 자유롭게 하기

경계 세우기 능력이 덜 발달한 사람들은, 아직 불확실한 일에도 '예!'라

울타리 성공 측정 방법

고 말해 버립니다. 성숙한 울타리의 열매는 불확실한 일에 대하여 '아니오!'라고 말할 수 있게 되는 것입니다(468-469쪽).

● 가장 최근에, 여러분이 과연 "기쁜 마음으로"(고린도후서 9장 7절) 내줄 수 있을지 없을지 확신이 안 서는 어떤 것을 누가 여러분에게 요청했던 때를 한번 돌이켜 보십시오. 여러분은 어떤 반응을 보였습니까? 그리고, '예'나 '아니오'를 관철했을 때 여러분의 기분은 어땠습니까?

울타리가 손상된 사람들, 다시 말해서 비용을 전혀 계산해 보지 않거나(누가복음 14장 28-30절), 또는 계산을 하더라도 자신의 결정을 전혀 신뢰하지 못하는 사람들은, 무턱대고 약속을 한 다음에 분개해하면서 그것을 이행하든가, 아니면 아예 저버리는 경우가 많습니다. 여러분이 꼭 알아 두어야 할 것은, 영적인 계산이나 정서적인 계산을 하기도 전에 너무 많은 것들을 약속해서는 안 된다는 것입니다. 어떤 요구에 대하여 '예'만큼이나 자유롭게 '아니오'라고 말할 수 있을 때, 비로소 여러분은 성숙한 울타리를 향한 길로 접어들게 되는 것입니다(471쪽).

● 다음 번에 또 누군가가 여러분이 내줄 수 있을지 없을지 확신이 안 서는 어떤 것을 요구할 경우, 어떻게 할 작정입니까?

●

11단계 : 성숙한 울타리 ── 가치 지향적인 목표 정하기

울타리를 학습하는 궁극적인 목표는 무엇보다도 하나님께서 우리에게 맡겨 주신 삶을 보호하고, 양육하고, 발달시키기 위함입니다. 울타리를 세우는 일은 어디까지나 신중하고, 순행적(順行的)이고, 진취적인 일입니다. 울타리를 세운다는 것은 곧 우리의 삶을 통제하게 되는 것을 의미합니다(472-474쪽).

● 벤과 쟌의 삶에 관한 이야기(472-474쪽) 가운데 여러분의 마음을 움직인 부분은 어디입니까? 어떤 점이 여러분 자신의 삶을 떠올리게 만들었습니까?

성숙한 울타리를 지닌 사람들은 미친 듯이 날뛰거나, 급하게 서두르거나, 무절제한 행동을 취하지 않습니다. 그들은 삶의 방향을 지니고 있으며, 자신의 개인적인 목표를 향하여 안정된 발걸음을 옮겨갑니다. 그들은 언제나 미리 계획을 세웁니다(473쪽).

● 이제 여러분 자신의 삶을 한번 들여다보십시오. 여러분의 삶은 미친 듯 날뛰는 편입니까, 안정된 편입니까? 급하게 서두르거나 무절제한 행동을 일삼는 삶처럼 보입니까, 아니면 하나의 목표를 향하여 안정된 발걸음을 옮겨 나가는 삶처럼 보입니까? 여러분의 울타리 ── 또는 울타리의 결여 ── 는 여러분의 삶에 어떤 식으로 기여하고 있습니까?

울타리 성공 측정 방법

현명한 울타리에 대한 보상은 삶 속에서 욕구를 충족시킬 수 있는 기쁨입니다. 이것은 곧 말년의 바울처럼, "나는 세상을 떠날 때가 되었습니다. 나는 선한 싸움을 다 싸우고, 달려갈 길을 마치고, 믿음을 지켰습니다"(디모데후서 4장 6-7절)라고 말할 수 있는 것입니다(473쪽).

● 여러분이 아무리 성숙해진다 할지라도, 여전히 여러분의 울타리와 목표에 대한 온갖 저항은 계속될 것입니다. 이 저항에 단호히 맞서기 위하여 여러분은 무슨 일을 할 생각입니까? 이제 여러분의 병기 창고에는 어떤 무기가 비축되어 있습니까?

성숙한 울타리를 지닌 사람은 자신의 경계가 저항에 부딪히게 되리라는 사실을 이해합니다. 그들은 또한, '아니오'가 마음속에서 기다리고 있다는 사실 —— 이미 준비를 마치고 있다는 사실도 잘 알고 있습니다. 공격을 위한 것이 아닙니다. 다른 사람을 처벌하기 위한 것도 아닙니다. 다만 하나님께서 우리에게 주신 시간과 재능과 보물을 지키고 발달시키기 위해서일 뿐입니다(시편 90편 10절 ; 473-474쪽).

울타리가 있는 삶의 하루

제1장에서 살펴보았던 쉐리의 하루 일과를 기억하고 있는지요? 쉐리는 되는대로 무절제하게 온종일 비틀거리며 살고 있었습니다. 하지만, 쉐리가 이 책을 읽고서 의미심장한 발전을 이룩했다고 한번 가정해 보십시오. 그러면, 지금부터 울타리가 갖춰진 쉐리의 하루 일과를 들여다보기로 합시다

튼튼한 울타리를 발달시키기

(475쪽).

● 울타리를 쌓기 위한 쉐리의 행동들 가운데, 여러분 자신도 지금 취
  하고 있는 행동은 무엇입니까?

● 울타리를 쌓기 위한 쉐리의 행동들 가운데, 그리고 그녀의 울타리
  작업이 맺은 열매들 가운데, 여러분이 현재 목표로 하고 있는 것은
  무엇입니까? 자세히 적어 보십시오.

● 쉐리가 하나님과 나눈 대화의 기도를 평가해 보십시오. 하늘에 계신
  아버지께 드리는 쉐리의 자기 평가 가운데 새로운 것, 그리고/또는
  특별히 여러분을 자유롭게 만들어 주는 것은 무엇입니까?

● 쉐리가 자신의 삶을 책임질 수 있게 된 영역들을 열거하십시오. 그
  녀가 성공한 것은 무엇 때문이라고 생각합니까?

● 쉐리의 삶을 다음과 같은 측면에서 다시 한번 들여다보십시오.

●
울타리 성공 측정 방법

- 좀더 건강해진 수면 형태
- 어머니와의 관계
- 다이어트와 운동 프로그램
- 다이어트와 운동은 이기적인 게 아니라 오히려 성실한 직무 이행 이라는 견해
- 자녀 양육 : 아이들 취침시간 ; 가사 분담 ; 아이들이 통학차 시간 을 스스로 책임지고 지키게 함
- 직업 : 시간 엄수 ; 승진 ; 이제껏 그녀가 대리 노릇을 해주었던 상 사가 그녀의 보조자가 됨
- 로이스와의 우정
- 가족과의 시간 : 자동 응답 장치로 식사시간을 보호함 ; 엄마와 딸 의 산책 시간
- 부부 관계 : 공동 자녀 양육 ; 남편에게 경계를 세우고, 확실하게 전달한 결과를 감행함 ; 서로간의 사랑과 책임에 대한 새로운 인 식으로 좀 더 어울리는 한 팀이 됨 ; 갈등을 두려워하지 않게 됨 ; 서로의 실수를 눈감아 줌 ; 서로의 울타리를 존중해 줌
- 교회 참여에 대하여 경계를 세우고 좀더 현명한 선택을 함
- 하나님과의 관계
- 강력한 후원 집단

- 이 영역들 가운데, 여러분 자신의 삶에서 진보를 이룬 영역은 어디 입니까? 쉐리처럼, 하나님께 감사드리는 시간을 가지십시오!

튼튼한 울타리를 발달시키기

● 이 영역들 가운데, 여러분이 아직도 노력하고 있는 영역은 어디입니까? 그 영역에서 지금 행하고 있는 울타리 작업은 무엇입니까? 여러분의 계획과 현재의 노력에 관하여 자세히 적어 보십시오.

쉐리 이야기는 동화 같은 환상이 결코 아닙니다. 이것은 여러분 자신도 경험할 수 있는, 그리고 어쩌면 이미 경험하고 있는지도 모를 실제적인 삶에 관한 이야기입니다. 쉐리처럼 여러분도 자기 삶을 책임지는 법을 배울 수 있습니다. 여러분은 무엇이 자기 책임이고 무엇이 아닌지를 판단하는 방법을 배울 수 있습니다. 여러분은 하나님께서 결코 여러분에게 부과하시지 않은 문제들을 떠맡는 짓 따위를 그만둘 수 있습니다. 여러분은 성서적 울타리에 맞게 살아가는 방법, 관계를 경험하고 하나님께서 여러분에게 맡기신 목적을 성취하는 방법을 배울 수 있습니다. 여러분도 알고 있겠지만, 우리는 여러분의 성서적 울타리가 여러분을 사랑과 자유와 책임과 봉사가 가득한 삶으로 이끌어 주기를 간절히 기도드리고 있습니다(475-490쪽).

——————————————— 기도 ———————————————

하나님, 하나님은 튼튼한 울타리를 향한 이 여정에서 제가 어디만큼 와 있는가를 잘 아십니다. 하나님은 이 열한 단계 중에서 제가 이미 거친 단계와 앞으로 거쳐야 할 단계도 잘 알고 계십니다.

울타리의 침범을 경고해 주시려고 하나님께서 제게 주신 분노에 대

331

하여 감사드립니다. 이 내적 신호에 주의를 기울일 수 있도록 저를 가르쳐 주십시오. 제 주위의 울타리 애호가들을 알아볼 수 있도록 제 눈을 열어 주시고, 그들을 통해 배움을 얻을 수 있도록 저를 도와 주십시오. 후원 집단과 귀한 가르침, 그리고 후원자들의 사랑을 통해 축복해 주시니 감사합니다. 또한, 하나님의 사랑에 감사드리며, 저는 가치가 없다고 하는 어린 시절의 가르침에도 불구하고 하나님 안에서 가치를 찾을 수 있게 해주신 점 또한 감사드립니다.

갓난아기의 '아니오'를 연습할 수 있는 용기——그리고, 연습 상대를 선택할 수 있는 지혜——를 주십시오. 제가 자라나면서 배웠던 규칙, 곧 제게 죄책감 메시지를 심어 주었던 규칙보다 하나님의 규칙이 더 낫다는 사실을 깨닫고, 죄책감 가운데에서도 기뻐할 수 있게 하시니 정말 감사합니다. 성숙한 '아니오'를 가지고 울타리 파괴자들과 맞설 수 있도록 제게 용기를 주십시오.

언젠가는 죄책감이 사라질 것이라는 점을 알게 하시니 감사합니다. 또 그 증거로 제 삶에 건강을 주시고, 사랑 많으시고 치유하시는 하나님의 신실하심을 보여주시니 정말 감사합니다. 다른 사람들을 제 몸처럼 사랑하고, 다른 사람들이 제 울타리를 존중해 주길 바라는 것처럼 저도 다른 사람들의 울타리를 존중해 줄 수 있도록 가르쳐 주십시오. 그리고 베풀 기회를 찾을 때에는 그 비용을 먼저 계산하게 하시고, '아니오'만큼이나 자유롭게 '예'라고 말할 수 있도록 가르쳐 주십시오.

마지막으로, 제가 제 삶을 책임지는 법을 배울 수 있도록 계속해서 가르치시고, 무엇이 제 책임이고 무엇이 아닌지를 판단할 수 있는 방

튼튼한 울타리를 발달시키기

법을 가르쳐 주십시오. 또 하나님께서 결코 저에게 부과하시지 않은 문제가 무엇인가를 보여 주시고, 제가 성서적인 울타리를 세우고 그 울타리에 맞게 살아 가려고 애쓸 때 저를 이끌어 주십시오. 하나님의 영광을 위하여 제가 사랑과 자유와 책임과 봉사가 가득한 삶을 살아가게 해주십시오. 예수님의 이름으로 기도합니다. 아멘.

울타리 성공 측정 방법

● 지은이
헨리 클라우드(Dr.Henry Cloud), 존 타운센드(Dr. John Townsend)
이 글을 지은 헨리 클라우드 박사와 존 타운센드 박사는 캘리포니아의 뉴포트 해안에 본부를 두고 있는 집단치료센터
미너스 마이어 새생활 클리닉 웨스트(Minirth Meier New Life Clinic West)의 공동소장이다. 임상심리학자들로서,
그들은 성서와 심리학의 통합 같은 그런 쟁점들에 관한 대중연설가이며 특별기고가이기도 하다. 헨리 클라우드와 존 타운센드는
바이올라대학교의 로우즈미드심리학대학원에서 박사학위 (Ph.D.)를 받았다. 그들은 공동으로 베스트셀러를 집필하기도 했는데,
〈울타리와 자녀양육〉〈울타리와 결혼생활〉〈자녀를 훌륭한 아이로 키우기〉〈안전한 사람들〉
〈당신을 미치게 하는 열두가지 '그리스도교' 신앙〉〈엄마의 바다〉 등이 그것이며, 또 헨리 클라우드는 〈치유하는 변화〉를,
존 타운센드는 〈사랑으로부터 숨기〉를 쓰기도 했다.

● 옮긴이
신현복
목사. 한국교회와 가정을 연구하는 모임 대표. 한신대 · 한신대대학원을 졸업하고 한국실천신학박사원 박사과정을 밟고 있다.
한국전문목회연구원 · 한국심리치료연구소 · 김영애가족치료연구소 등에서 연구활동을 했으며, 특히 박근원 박사의 지도로
〈새로운 예배자료〉〈전5권, 진흥〉와 〈예배자료21〉〈전5권, 대한기독교서회〉을 비롯한 여러 가지 연구프로젝트에 함께 했다.
지은책으로 〈건빵〉〈내마음의 그림자〉〈목마른 사슴의 노래〉 옮긴책으로 〈희망의 목회상담〉〈레스터〉〈삶의 의미를 찾아서〉
〈토마스 네일러 외〉〈영혼의 친구 365〉〈로버트 스트랜드〉 등이 있다.

울타리 WORKBOOK

초판1쇄인쇄 1999년 6월 10일
초판1쇄발행 1999년 6월 15일

지은이 헨리 클라우드, 존 타운센드
옮긴이 신현복
펴낸이 길청자
펴낸곳 도서출판 아침
등록 제7호(1999.1.7)

기획 열린마당
제작 삼덕미디어

주문처 (총판)생명의 샘
　　　서울 · 송파구삼전동65
　　　전화 419-1451
　　　팩스 419-1452

* 정가는 뒷표지에 표시되어 있습니다.
* 잘못만들어진 책은 책방에서 바꾸어 드립니다.

* 가까운 책방에 책이 없을 때에는 080-365-7878(수신자 부담 전화)로 전화주시면
　송료 본사부담으로 책을 보내드립니다.

ISBN 89-88764-06-4　　33230